Estágio curricular e Trabalho de Conclusão de Curso na Área de Gestão e Negócios

União teoria e prática pela pesquisa

Ana Shirley França

Estágio Curricular e Trabalho de Conclusão de Curso na Área de Gestão e Negócios

União teoria e prática pela pesquisa

Freitas Bastos Editora

Direitos exclusivos da edição e distribuição em língua portuguesa:
Maria Augusta Delgado Livraria, Distribuidora e Editora

Editor: *Isaac D. Abulafia*
Revisão de Texto: *Hélio José da Silva*
Diagramação e Capa: *Jair D. Sousa*

DADOS INTERNACIONAIS PARA CATALOGAÇÃO
NA PUBLICAÇÃO (CIP)

M818
França, Ana Shirley,
Estágio curricular e trabalho de conclusão de curso na área de gestão e negócios : união teoria e prática pela pesquisa / Ana Shirley de França Moraes. – Rio de Janeiro : Freitas Bastos, 2011.
202p.; 21cm.
ISBN 978-85-7987-124-5

1. Programas de estágio – Brasil. 2. Ensino superior – Brasil. 3. Estagiários – Brasil. 4. Pesquisa – Brasil. I. Título.

CDD- 378.198

Freitas Bastos Editora

Tel./Fax: (21) 2276-4500

freitasbastos@freitasbastos.com.br
vendas@freitasbastos.com.br
Rio de Janeiro – RJ

Apresentação da Autora

O livro apresenta uma proposta de aplicação da disciplina Estágio no contexto dos cursos de graduação e licenciaturas, principalmente, nos bacharelados da área de gestão e negócios, como Administração, Ciências Contábeis, Marketing, entre outros. Vinculando a teoria e a prática de formação, vê-se na cientificidade a união perfeita entre Estágio e o Trabalho de Conclusão de Curso (TCC).

Para fundamentar a proposta, passa-se pelas habilidades e competências requeridas aos profissionais da área, bem como pela legislação que determina as atividades de práticas profissionais em cursos de graduação, principalmente, os vinculados à área de gestão. Como solicitação em avaliações externas de cursos de graduação nesta área, por órgãos reguladores, torna-se mais que uma proposta a ser implantada que, ao mesmo tempo, prepara os futuros egressos desses cursos e também resolve o vácuo existente na confecção dos trabalhos de final de curso, em que o estudante realiza um trabalho acadêmico sem apego às suas experiências profissionais.

Ainda, sobre Estágio, apresenta-se a Lei nº 11.788, de 25 de setembro de 2008, que dispõe sobre o Estágio de estudantes;

altera a redação do art. 428 da Consolidação das Leis do Trabalho, com suas análises e resumos, de forma a instruir todos os envolvidos nesta atividade. Anexa-se, também, a Lei citada e a Cartilha do Ministério do Trabalho que, em forma de questões, dirime todas as dúvidas sobre a prática do Estágio por empresas e Instituições de ensino.

Mais que isso, o conteúdo desenvolvido apresenta conhecimentos da Metodologia Científica, que vão desde as formatações técnicas da ABNT para um trabalho acadêmico-científico, até as modelagens do Trabalho de Conclusão de Curso, como a Resenha, o Relatório de Pesquisa Aplicada (estudos de caso), Artigo e Monografia.

Como conteúdo atual, a participação da tecnologia no processo de estudo e pesquisa do estudante não é esquecida. Como fator de aprendizagem, a internet assume atualmente papel importante nos trabalhos acadêmicos e cabe ao professor e demais participantes do processo, como responsáveis, mostrar caminhos e organizar essa busca. Apresentam-se endereços públicos de vídeos que somam aos temas aqui tratados.

Assim, acredita-se contribuir à formação dos estudantes da Educação Superior e àqueles que, de alguma forma, são parte ou responsáveis por essa tarefa.

APRESENTAÇÃO ACADÊMICA

O livro Estágio Curricular e Trabalho de Conclusão de Curso na Área de Gestão e Negócios: União Teoria e Prática pela Pesquisa, da Professora Ana Shirley França, é resultante da sólida formação acadêmica e larga experiência profissional da autora, resultando em um texto equilibrado que fornece ao leitor uma visão macro do tema, destacando a sua importância para o ensino e a pesquisa no mundo acadêmico com foco na gestão e nos negócios.

Nada mais atual do que unir a prática profissional do Estágio com as linhas de pesquisa do curso, finalizando com um trabalho de conclusão acadêmico com foco no mercado.

Recomendo a leitura desse livro que certamente será eleito como fonte de consulta e aprendizado não somente por estudantes, mas, principalmente, por docentes e demais profissionais que se interessem por esse admirável mundo acadêmico da gestão e dos negócios.

Carlos Roberto Fernandes de Araujo

Diretor do Centro de Conhecimento em Gestão e Negócios do Grupo Estácio de Sá. Graduado e Mestre em Administração pela FGV-EBAPE. Vice-Presidente de Administração e Finanças do CRA-RJ. Representante Angrad - RJ

PREFÁCIO

Este novo livro da professora Ana Shirley França de imediato e pertinentemente nos remete a duas reflexões que são fundamentais à preparação de profissionais em quaisquer campos do conhecimento.

De um lado, apresenta-nos os contextos sobre o **Estágio**. Aquele momento metamorfósico, quando o "jovem" aspirante a um espaço no mercado de trabalho passa por uma espécie de estação de baldeação para que vivencie os ensinamentos da academia e posteriormente acesse posições que exigirão dele a aplicação pragmática dos conceitos e teorias, em forma de análises críticas, tomadas de decisão e ações efetivas no campo de atuação.

Por outro lado, a questão da **Pesquisa**. O Brasil ocupa a 13ª posição entre as nações que mais produzem artigos científicos, segundo a Unesco. Embora o tema "inovação" seja cada vez mais frequente nos discursos e fóruns político-econômico-empresariais, o País precisa transformar este conhecimento em inovação e desenvolvimento econômico. Dados da Thomson Reuters publicados no Valor Econômico de junho de 2009 indicam que apenas 0,48% das pesquisas provêm da área das ciências humanas sociais e aplicadas, o que eleva a nossa responsabilidade enquanto Administradores.

Esta obra, portanto, contribuirá para que na Academia os alunos se sensibilizem para as oportunidades inesgotáveis que estão reservadas aos pesquisadores e aos empreendedores da área de gestão em particular. Que este livro seja mais uma fonte de inspiração para essa realização. Longa vida a mais esta obra que a festejada autora nos brinda, nesta oportunidade. Parabéns, Professora Ana Shirley.

Adm. Wallace de Souza Vieira

Presidente do Conselho Regional de Administração - CRA/RJ
CRA/RJ nº 01-13247-4

SUMÁRIO

Parte 4
MODALIDADES DE RELATOS ACADÊMICO-CIENTÍFICOS PARA O TCC

Parte 5
FORMAS DE DIVULGAÇÃO CIENTÍFICA

INTRODUÇÃO

Neste século, a maior atribuição das instituições de ensino superior, realmente, é a formação para o mercado de trabalho. A visão do passado que antes atribuía às instituições de ensino superior a formação de elites, não mais existe.A massificação na Educação Superior é fato, levando ao maior número de egressos e menos emprego neste nível de ensino, o que tem acarretado a subutilização de capacidades e mais exigências em vagas de estágio e de emprego.

Contudo, inicialmente, cabe aqui distinguir termos que facilmente se substituem sem o valor de sentido que realmente possuem. Estágio é diferente de Estágio Supervisionado ou Estágio Curricular. Distinguem-se um do outro termo por um fácil referencial: a obrigatoriedade. O Estágio, como atividade remunerada, sem vinculação acadêmica em cursos de graduação, não é o termo que se trata aqui especificamente, apesar de seu envolvimento legal. O foco aqui considerado é do Estágio Curricular, atividade obrigatória ao cumprimento das horas de estudo na matriz curricular de cursos de bacharelado.

Não importa o nome que se dê, o Estágio Curricular, Estágio Supervisionado ou Prática de Capacitação Profissional, legalmente viria para suprir o distanciamento entre o saber teórico e o prático; contudo, tornou-se uma atividade lucrativa para as empresas, ao recrutar mão de obra barata ou para cumprir meramente um relacionamento com o mundo profissional. Na tentativa de minimizar o problema, foi criada a nova Lei nº 11.788, de 26/09/2008, com a finalidade de legislar sobre Estágio de estudantes.

Somado a isso, há a crítica que se faz à falta de vínculo entre os problemas vividos nas empresas, quando os estudantes realizam as atividades de estágio, e a produção acadêmico-científica, realizada para trabalhos de conclusão do Curso – Monografia, Artigo, Relatório de Estudo de Caso ou qualquer outra forma de Trabalho de Conclusão de Curso. Ao mesmo tempo, é preciso evocar as bases das ciências aplicadas e seus métodos, de forma que a relação teoria e prática, realizada em uma pesquisa, para a solução de problemas, seja a forma eficaz para que os estudantes realizem as experiências profissionais e científicas, como forma de busca de resultados aplicáveis e inovadores.

Em virtude deste novo cenário que exige adequação ao mercado de trabalho e às mudanças sociais ocorridas em razão do acelerado avanço tecnológico, surge a necessidade da revisão das disciplinas práticas que fazem parte dos currículos dos cursos de graduação.Torna-se objeto deste livro trazer uma proposta para os Cursos de Administração e de gestão e negócios em geral, vinculando as disciplinas de Estágio às disciplinas de pesquisa acadêmica, como Projeto de Monografia, Monografia, TCC, e outras que constituam suportes interdisciplinares. A proposta aqui elaborada busca relacionar teoria e prática, por meio de uma metodologia interdisciplinar vertical, transdisciplinar e sequencial nos cursos de bacharelado, entre disciplinas como a Metodologia Científica, o Estágio e o Trabalho de Conclusão de Curso - o TCC.

PARTE 1

ESTÁGIO E TRABALHO DE CONCLUSÃO DE CURSO: DESENVOLVER O ESTUDANTE NA PRÁTICA PROFISSIONAL E NA PESQUISA

Se antes o Estágio era apenas visto como prática profissional, atualmente passa a ser, também, um amplo campo de observação de problemas reais, vividos pelas organizações. Nesta perspectiva, o Estágio funciona como espaço da indagação e do questionamento, para buscar as soluções reais, simples e eficazes, por meio da pesquisa aplicada realizada pelos estudantes. Desenvolvendo habilidades investigativas no Estágio, os estudantes passam a ter um observatório de situações-problema, utilizando o Trabalho de Conclusão de Curso para resolvê-los.

Capítulo 1

A FORMAÇÃO DO PROFISSIONAL DE GESTÃO – DESENVOLVER COMPETÊNCIAS, HABILIDADES E ATITUDES PARA MELHOR ATUAR

Na atualidade, em face do mercado de trabalho tão dinâmico e competitivo, o profissional de Administração e Contabilidade, assim como outros relacionados às organizações, se veem obrigados a dividir seu espaço com profissionais do Direito, Economia e Engenharia, que disputam vagas no campo da gestão. Esta é uma das razões pelas quais o administrador, o contabilista e demais profissionais necessitam buscar uma ótima formação técnica e científica, para desenvolver atividades específicas da prática profissional e possam garantir um lugar no mercado de ocupações na sua área de formação.

Assim, devem buscar uma boa base educacional, por meio de constante atualização do conhecimento, desenvolver pesquisas, realizar estágios, participar de eventos que lhe sirvam de aprimoramento profissional e pessoal. Em suma: ser proativo e usufruir intensamente a academia e o espaço experiencial profissional, desenvolvendo competências, habilidades e atitudes que serão requeridas no mercado de trabalho e de ocupações na área de gestão.

Por esse motivo, os cursos de formação superior devem oferecer formação polivalente, para que os egressos do ensino superior estejam preparados, a fim de enfrentar as novas demandas mercadológicas. Como exemplo, no Curso de graduação em Administração e Ciências Contábeis, bem como em outras áreas de gestão, há várias áreas do conhecimento que interagem na formação do gestor, são elas: Economia, Direito, Filosofia, Psicologia, Sociologia, Matemática, História, Língua Estrangeira, e outras. Assim, há de se desenvolver as competências e as habilidades que congreguem esses vários saberes. As atitudes construídas serão resultado das experiências vividas e das teorias aprendidas numa visão prática, interdisciplinar e transdisciplinar.

É nesta lógica que o Estágio, como atividade curricular de formação profissional, deve ser idealizado, de forma a preparar bem os estudantes de hoje para exercerem bem funções e cargos profissionais no futuro, na área em que se formaram e se desenvolveram.

1.1 ALGUMAS CONSIDERAÇÕES SOBRE COMPETÊNCIAS E HABILIDADES

Atualmente, inúmeros países orientam-se para a redação "de bases de competência" associadas às principais etapas de escolaridade. No entanto, há forte oposição à ideia de que a escola deva desenvolver competências. Como argumento, afirmam os opositores que tal proposta reduziria ao mínimo de aquisição dos saberes. Segundo esses teóricos, a missão da escola é, antes de qualquer coisa, instruir, transmitir conhecimentos.

É certo que não se podem desenvolver competências sem reduzir o tempo que é destinado à assimilação dos saberes, mas também, é correto afirmar que o desenvolvimento de competência mobiliza saberes.

Não são sem valor as competências requeridas nas experiências diárias, já que se encontram muitos adultos com ensino completo, mas não estão preparados para a realização de tarefas e tomar atitudes no quotidiano, nem dominam a tecnologia, por mais que tenham estudado. As competências elementares têm grande relação aos saberes disciplinares escolares, pois, no dia a dia, ter os conhecimentos elementares de matemática, o domínio da língua, saber se portar com ética e educação é exigência para o relacionamento profissional e social.

A noção de competência remete a situações para as quais é necessário tomar decisões e resolver problemas. Assim, cada competência reunirá um conjunto de habilidades que, articuladas e em ação, reverterão em atitudes para buscar resultados.

No entender de Perrenoud (2002), é mais produtivo descrever e organizar a diversidade de competência do que tentar estabelecer diferenciação entre estas e as habilidades. Segundo o autor: “uma competência, concreta ou abstrata, comum ou especializada, permite afrontar regular e adequadamente um grupo de tarefas e de situações, apelando para noções, conhecimentos, informações, procedimentos, métodos, técnicas” (p. 23).

Perrenoud cita Le Boterf (1994, p. 16) ao afirmar que, possuir conhecimentos ou capacidades, não significa ser competente. Diariamente, segundo Le Boterf, pessoas que possuem conhecimentos ou capacidades não sabem utilizá-los convenientemente numa situação de trabalho:

> Na atualidade, sabe-se que não há transferência automática de conhecimentos, mas que o conhecimento é adequado pela realização de exercício e pela prática reflexiva, por meio da mobilização de saberes, combinados para inventar uma estratégia pessoal.

Exerce-se a mobilização de conhecimento em situações em que se obriguem a definir o problema antes de resolvê-lo, a determinar os conhecimentos que solucionem a questão pretendida. Às vezes, faltam os conhecimentos básicos ou apenas se estudaram noções básicas na escola, mas descontextualizadas, permanecendo, então, sem efeito, já que não foram utilizados conscientemente. Por isso, é mais eficaz desenvolver competências, a partir da escola, no sentido de criar vínculo entre os saberes e sua operacionalização em situações complexas.

O papel da escola é fornecer os saberes e habilidades básicas; contudo, cabe ao exercício da vida profissional a tarefa de desenvolver competências. Muitos conhecimentos, adquiridos na vida escolar, permanecem inúteis no dia a dia, pois os alunos não foram preparados, nem capazes de utilizá-los em situações concretas.

A formação da competência é conseguida por meio da escolaridade básica, e a outra parte é conseguida por outros meios. A questão, conforme ensina Perrenoud, é saber quais são as competências mais importantes a serem desenvolvidas. Assim, cada área de formação encaminha ao desenvolvimento de um conjunto de habilidades, de forma a alcançar as competências requeridas, mas, também, demandam um conjunto básico de habilidades necessárias à vida, à cidadania e ao bem-viver.

Sabe-se que uma parcela dos saberes disciplinares será útil ao aprofundamento de certas formações profissionais. O acúmulo de saberes somente será útil se estiverem em consonância com a formação profissional, contextualizando-os e exercitando-os, para utilizá-los na solução de problemas e na tomada de decisões.

Construir competências desde o início da fase escolar não afasta a escola de suas finalidades fundamentais, como alguns críticos revelam. Ao contrário, permitem que ela cumpra com sua função social, de formar profissionais sim, mas também pessoas mais reflexivas, criativas e discernidas na vida pessoal e em meio a seu grupo.

As habilidades: ler, escrever e contar, trilogia que fundou a escolaridade obrigatória no século XIX, não estão mais à altura das exigências destes tempos atuais. A abordagem por competências busca apenas atualizá-la, no sentido de que a escola deve mudar para aqueles que dela saem, ainda hoje, desprovidos das numerosas competências indispensáveis, para viver melhor o século XXI.

O indivíduo que busca aventurar-se pelos caminhos da gestão, em busca de espaço no mercado de trabalho, depara-se com a problemática relativa à questão de o ensino universitário valorizar a transferência de conhecimentos em detrimento da estimulação das competências mínimas, requeridas para a profissão (PERRENOUD, 2002).

1.2 COMPETÊNCIAS E HABILIDADES A SEREM ALCANÇADAS NA FORMAÇÃO DE GESTORES, SEGUNDO AS DIRETRIZES DOS CURSOS DA ÁREA DE GESTÃO E NEGÓCIOS

Há um conjunto de habilidades a serem desenvolvidas, passo a passo, a fim de se construir as competências requeridas na formação dos profissionais da área de gestão, com vistas a produzir atitudes no mercado de trabalho. Segundo as Diretrizes Nacionais (2004), as competências são as seguintes:

a) Domínio conceitual, funcional e operacional dos sistemas contábeis e administrativo, aplicando consistente, integrada e adequadamente princípios, normas e políticas referentes às atividades desenvolvidas por entidades públicas e privadas;

b) Compreensão das questões técnicas da atividade administrativa e contábil, suas relações e repercussões socioeconômicas e financeiras, nos âmbitos nacional e internacional, nos diferentes modelos de organização;

c) Capacidade de comunicação, de produzir opiniões, pareceres e arbitragens de forma lógica, fidedigna, clara e objetiva;

d) Capacidade de coletar, registrar, controlar e analisar dados de produzir relatórios, agregando valor ao processo decisório;

e) Capacidade de planejar, implementar e manter sistemas de informações;

f) Possuir visão estratégica, crítica, reflexiva e holística da atividade contábil e suas inter-relações;

g) Capacidade de agregar valor à sociedade, guardando sintonia com a realidade política e social;

h) Utilizar com desembaraço o raciocínio lógico-matemático, ferramental quantitativo e a tecnologia da informação;

i) Percepção da necessidade de se manter informado e atualizado, em virtude das constantes mudanças na sociedade e na tecnologia;

j) Desenvolver atributos motivadores de liderança e de negociação, nas relações interpessoais e nas equipes multidisciplinares de trabalho;

k) Exercer com ética e proficiência as atribuições e prerrogativas que lhes são inerentes;

l) Ser capaz de se comunicar, trabalhar e se relacionar no grupo e em equipes.

Enfim, por meio destas habilidades, podem-se destacar algumas competências requeridas na formação do profissional na área de gestão como, Competência Quantitativa; Competência Comunicativa; Competência Ética, Competência Social, Competência Administrativa, Competência Comportamental, entre outras.

1.3 O DESENVOLVIMENTO DE HABILIDADES E COMPETÊNCIAS NOS CURSOS DE GESTÃO E NEGÓCIOS

Com relação à competência e habilidades dos discentes dos cursos da área de gestão e negócios empresariais, destacam-se vários pontos importantes, que irão permitir, ao final do curso, o profissional estar capacitado à realidade do mercado de trabalho.

O conhecimento e a informação proporcionam competência ao indivíduo e, é nas Escolas de Ensino Superior que um conjunto de habilidades e competências se desenvolve para a capacitação do profissional. As Instituições de ensino que possuem em sua matriz curricular o Estágio Supervisionado proporcionam orientação e adequação ao aluno em sua atividade profissional e laboral, à medida que o estudante, sob a supervisão de um professor ou responsável competente, atua em empresas públicas ou privadas. Desta forma, o aluno tem a oportunidade de colocar em prática os conhecimentos predominantemente teóricos, adquiridos no ambiente acadêmico. Isto proporciona uma rica troca de experiências entre o estagiário e a empresa, além de permitir que esta, dependendo do desenvolvimento do indivíduo, facilite sua entrada no mercado de ocupações na área de formação, após a conclusão do curso.

"Aprender fazendo" é considerado o modo mais fácil e eficaz de se obter competências e habilidades. Basicamente, existem duas formas essenciais para a aquisição de competências admitidas pela ciência: a transferência pela informação e a transferência pela descoberta.

Nos diferentes níveis de qualificação profissional, a capacidade de adquirir habilidades e competências que preencham os requisitos das empresas é cada vez mais exigida. Observa-se que a aprendizagem escolar deve se aproximar cada vez mais da aprendizagem profissional, sem que para isso exclua valores humanos e de formação de cidadania.

No que tange à aquisição em questão, pode-se dizer que esse processo torna-se um pouco complexo, quando o aluno não demonstra interesse em adquiri-las por meio da atividade de Estágio Supervisionado e das Atividades Complementares, as quais assumem papel importante na aquisição de habilidades e atitudes para o mercado de ocupações.

Dentre essas atividades, destacam-se: a iniciação científica e tecnológica, programas acadêmicos amplos, programas de treinamento especial, programas de extensão universitária, visitas técnicas, eventos científicos, além de atividades culturais, políticas e sociais, dentre outras desenvolvidas pelos alunos durante o curso de graduação.

Nesta visão, o Estágio Curricular não deve apenas reproduzir o que foi exposto em sala de aula, mas precisa, também, abrir espaço para o desenvolvimento da interpretação e da reflexão do que foi observado.

Note-se que as Atividades Acadêmicas Complementares não podem ser confundidas com as do Estágio Curricular Supervisionado. Em sua atividade de estágio, o estudante precisa desenvolver habilidades, para tomar atitudes que irão caracterizar seu posicionamento pessoal, em face das exigências da sociedade e das organizações.

Existem várias modalidades de estágio previstas para o curso de graduação: o Estágio Profissional, o Estágio em Pesquisa Aplicada (iniciação científica) e o Estágio em Atividades de Prática Profissional (Laboratórios, Empresa Júnior, Escritórios Profissionais, entre outros). O Estágio Profissional é definido como aquele em que o aluno aplica, diretamente, o que foi aprendido na universidade, em uma empresa, concedente da atividade, pública ou privada. Lá o estudante poderá observar: como são realizados todos os atos e os fatos administrativos de uma empresa, como ela se destaca em relação ao grande mercado e como se comporta diante de fatos econômicos e impostos, geridos pelo governo (federais, estaduais, municipais, etc.). A referida empresa precisa demonstrar atitudes éticas e transparentes e, ao mesmo tempo, funcionar no mercado competitivo.

O profissional de gestão deve demonstrar habilidades que mantenham a empresa saudável e dando lucros, fatos esperados não só pelo mercado de trabalho, mas também pelos donos que participam direta ou indiretamente da gestão da empresa. O domínio dessas habilidades, pelo trabalhador organizacional, é cada vez mais cobrado nas atividades de trabalho na área de gestão e negócios.

O Estágio em Pesquisa Aplicada se caracteriza como aquele em que uma empresa estabelece parceria com uma instituição de ensino superior (IES) para incentivar estudos que beneficiem tanto uma como a outra. Contudo, realiza outra forma da implementação e desenvolvimento de habilidades, já que utiliza Projetos de Iniciação Científica (PIC), como busca de resultados e experimentações para solucionar problemas. Estes projetos a própria instituição acadêmica financia ou estabelece parcerias com órgãos de fomento à pesquisa, ou ainda estabelece convênios com empresas nesse sentido.

Assim, a vinculação Estágio e TCC exige que cada disciplina se proponha a assumir responsabilidades perante a formação profissional do estudante e a formação científica, vendo nesta interação maiores benefícios ao aluno que passa a vivenciar um trabalho de finalização de curso, mais experiencial e produto de sua observação direta da realidade.

Nesta lógica, na disciplina Estágio, além do conteúdo normalmente ministrado, como conduta profissional, ética profissional e acompanhamento docente no local de Estágio, o discente deve utilizar um formulário de observação (Anexo 3), previamente elaborado, para que o estudante possa captar informações sobre a empresa ou local onde realiza a atividade e daí possa planejar seu trabalho final, por meio de projeto, também de formatação prévia, em qualquer modalidade que escolha ou que lhe seja exigida pela instituição de ensino.

CAPÍTULO 2

ESTÁGIO: UM ELO FORTE ENTRE AS INSTITUIÇÕES SUPERIORES E A EMPRESA – VISÃO LEGAL

Após a implantação da Portaria nº 1.002/67 e da Reforma Universitária (Lei nº 5.540/68), tornou-se indispensável à formação curricular a realização de Estágio, para propiciar a complementação do ensino e de aprendizagem a serem planejados, executados, acompanhados e avaliados, "em conformidade com os currículos, os programas e os calendários escolares, a fim de se constituírem em instrumento prático, de aperfeiçoamento técnico-cultural, científico, e de relacionamento humano" (Lei nº 6.494/77); contudo, atualmente, a Atividade de Estágio passou a ser facultativa, e vista como obrigatória, quando a instituição de ensino superior, assim, optar por ela. Desta forma, a atividade em Estágio Supervisionado é obrigatória, para estudantes matriculados e com frequência efetiva nos Cursos vinculados ao ensino oficial ou particular, dependendo das normas da IES e do Projeto Pedagógico de cada curso.

Nos termos do Decreto 87.497, de 18/08/82, que regulamentava a Lei 6.494, de 07/12/77, considerava-se o Estágio Curricular como:

> As atividades de aprendizagem social, profissional e cultural, proporcionadas ao aluno pela participação em situações reais de vida e trabalho em seu meio, sendo realizadas na comunidade em geral ou junto a pessoas jurídicas de direito público ou privado, sob a responsabilidade e coordenação da Instituição de Ensino.

Sendo sua finalidade a atividade de Prática Profissional Supervisionada (Estágio Curricular) como instrumento de integração do aluno com o mercado de trabalho, propiciando o seu desenvolvimento profissional e acadêmico.

Segundo a Lei nº 6.494/77, o estágio não cria vínculo empregatício de qualquer natureza, e o estagiário poderá receber bolsa, ou outra forma de contraprestação que venha a ser acordada, "ressalvada o que dispuser a legislação previdenciária, devendo o estudante, em qualquer hipótese, estar segurado contra acidentes pessoais".Assim, na ótica legal, não havia obrigatoriedade nem parâmetros de remuneração para a atividade de estágio, sendo apenas obrigatório o seguro de acidentes pessoais.

Não existia, também, na citada Lei, a determinação do máximo de horas diárias a serem dedicadas a essa atividade, ficando a critério da parte contratante estipular a carga horária do estudante. A legislação apenas sugeria que a jornada de estágio devesse compatibilizar o horário escolar e o horário da parte concedente da oportunidade.

O Estágio Curricular Supervisionado, também chamado de Prática Profissional Supervisionada, o PPS, era atividade obrigatória, com duração de 300 (trezentas) horas, que seriam cumpridas até o último período ou série do Curso de graduação na área de gestão.

Contudo, o Decreto nº 87.497/82, o qual complementava a Lei nº 6.494/77, dispunha que a carga horária, duração e jornada não poderiam ser inferior a um semestre letivo, nem passar de quatro semestres (dois anos).

Fato relevante de nota foi a criação oficial de órgãos intermediários entre as escolas e as empresas, a partir do Decreto nº 87.497/82. Chamados de *"Agentes de Integração"*, tais entidades surgiriam como verdadeiras agenciadoras de mão de obra estagiária que, segundo o mesmo Decreto, deverão atuar com finalidades específicas que se mantiveram na nova lei de Estágio, como:

a) Identificar para a instituição de ensino as oportunidades de estágios curriculares junto a pessoas jurídicas de direito público e privado;
b) facilitar o ajuste das condições de estagiários curriculares, a constarem do instrumento jurídico mencionado;
c) prestar serviços administrativos de cadastramento de estudantes, campos e oportunidades de estagiários curriculares, bem como de execução do pagamento de bolsas, e outros solicitados pela instituição de ensino;
d) coparticipar com a instituição de ensino, no esforço de captação de recursos para viabilizar estágios curriculares.

Os Agentes de Integração possuem as finalidades citadas acima. As instituições de ensino e as organizações concedentes de estágio, a seu critério, poderão contar com os serviços auxiliares de agentes de integração, públicos ou privados, mediante condições acordadas em instrumento jurídico apropriado. Esses Agentes se constituem em organização legal-administrativa, e só poderão atuar como agente de integração privado as entidades sem fins lucrativos, cujos objetivos sejam a assistência e a educação profissional ao adolescente, registradas no Conselho Municipal dos Direitos da Criança e do Adolescente.

O Credenciamento dos Agentes de Integração se faz no Conselho Nacional de Assistência Social – CNAS, do Ministério da Previdência e Assistência Social – MPAS, cujo objetivo é adquirir status para contratar estudantes (ensinos médio e superior) para atuar como estagiários, dentro das normas e leis vigentes.

Ao se credenciar, os Agentes de Integração recebem algumas incumbências legais:

- identificar de oportunidades de estágio e apresentá-las às instituições de ensino;
- ajustar das condições do estágio a constar de instrumento jurídico próprio e específico;
- realizar os serviços administrativos, tais como cadastramento de estudantes e de campos e oportunidades de estágio;
- providenciar o cadastramento de estudantes para a atividade de prática profissional;
- providenciar a negociação pertinentes à contratação, a favor do aluno estagiário, de seguro contra acidentes pessoais e de responsabilidade civil por danos contra terceiros.

A flexibilidade e as lacunas, deixadas pelas Leis e Decretos que normatizavam o Estágio Curricular, possibilitaram irregularidades perceptíveis na utilização do mesmo, pois, sendo o aluno obrigado a cumprir horas práticas para a integralização do currículo escolar, se dispunha a qualquer oportunidade. Paralelamente, os estudantes de escolas superiores que se encontravam desempregados, já profissionais da área, passavam a assumir, sob o título de *"estágio"*, uma atividade profissional sem nenhuma garantia trabalhista, onde a remuneração oferecida era bem inferior à praticada no mercado, somando-se a alguns incentivos sociais, como Ticket-Refeição, Vale-Transporte, entre outros. Mas, em virtude da necessidade de subsistência, viam-se obrigados a aceitar a *"oportunidade"*.

Em muitos casos, exigiam-se pré-requisitos para ocupar vagas de estágio, cujo perfil solicitado equivalia ao de um profissional já formado e com experiência: 8 horas ou mais de trabalho, saber utilizar o computador, ser fluente em uma língua estrangeira, geralmente, língua inglesa, dominar as ferramentas da informática, etc.

É bem verdade que muitas empresas preparavam seus futuros funcionários, através de programas de estágio, aproveitando os estudantes ou investindo no treinamento dos mesmos, para que, em médio ou em longo prazo, resolvessem a preparação de seus recursos humanos, a fim de garantir qualificação profissional.

Os estagiários, por não possuírem vínculo empregatício com pessoas jurídicas públicas ou privadas, poderiam constituir uma rede paralela de recursos humanos, onde a conjuntura de mercado de trabalho, recessiva, saturada e de baixos salários fomentaria tal situação. Assim, percebeu-se mais uma possível relação entre a política de ensino superior e a política econômica, vendo-se na Escola mais um serviço prestado ao Capital (Frigotto, 1989).

Devido às leis anteriores deixarem muitas lacunas e conduzir os estagiários à situação de possível exploração, a Lei nº 11.788, de 26/09/2008, que dispõe sobre estágios de estudantes, trouxe modificações na Consolidação das Leis do Trabalho e revogou, expressamente, a Lei 6.494/77.

A nova Lei do Estágio é mais detalhista e extensa do que a anterior e traz algumas novidades e novos benefícios aos estagiários, além de possuir aplicação imediata aos contratos firmados após a sua publicação.

Os contratos firmados anteriormente à nova Lei continuaram nas regras fixadas na Lei 6.494/77, bem certo que qualquer modificação só seja realizada com a anuência das partes.

A mudança mais sensível é a maior fiscalização e responsabilidade sobre as tarefas executadas pelo estudante, tanto pela instituição de ensino quanto pela entidade concedente da atividade de Estágio.

Segundo a nova Lei, o Estágio Supervisionado é um procedimento didático-pedagógico interdisciplinar, transdisciplinar avaliativo, articulador da teoria com a prática e do ensino com a pesquisa, que busca oferecer aos alunos oportunidade de introdução no mercado de trabalho, através da aplicação prática dos conhecimentos adquiridos durante o curso.

A integração da teoria à prática, vivenciada em situações e problemas relativos à profissão escolhida, estimula o pensamento crítico do estudante e possibilita a formação de um profissional apto a enfrentar desafios.

A nova Lei de Estágio, Lei nº 11.788, de 25 de setembro de 2008, apresenta no seu 1º artigo a seguinte definição e atribuição:

> Art. 1. Estágio é ato educativo escolar supervisionado, desenvolvido no ambiente de trabalho, que visa à preparação para o trabalho produtivo de educandos que estejam

frequentando o ensino regular em instituições de educação superior, de educação profissional, de ensino médio, da educação especial e dos anos finais do ensino fundamental, na modalidade profissional da educação de jovens e adultos.
§ 1º O estágio faz parte do projeto pedagógico do curso, além de integrar o itinerário formativo do educando.
§ 2º O estágio visa ao aprendizado de competências próprias da atividade profissional e à contextualização curricular, objetivando o desenvolvimento do educando para a vida cidadã e para o trabalho.

2.1 FUNDAMENTAÇÃO LEGAL DO ESTÁGIO

As atividades do Estágio Supervisionado do curso de Administração e demais cursos na área de gestão estão regulamentadas, de acordo com a seguinte legislação:

- As Diretrizes Curriculares Nacionais que regulamentam os cursos de gestão e aprovadas nos termos desta resolução e dos Pareceres CES/CNE nºs 067/2002 e 0134/2003, afirmam no seu art. 2:

> a organização do curso de que trata esta resolução se expressa através do seu projeto pedagógico, abrangendo o perfil do formando, as competências e habilidades, os componentes curriculares, o estágio curricular supervisionado, as atividades complementares, sistema de avaliação, a monografia, o projeto de iniciação científica ou o projeto de atividade, como Trabalho de Conclusão de Curso – TCC, componente opcional da instituição, além do regime acadêmico de oferta e de outros aspectos que tornem consistente o referido projeto pedagógico.

- Lei 9.394/1996, de 20/12/1996, Lei de diretrizes e bases da educação nacional – define e estabelece os princípios da educação, compreendendo o ensino fundamental, o ensino médio e o ensino superior no país.

- Circulares SRT n° 11/85 e 08/87 – dão instruções para a fiscalização e acompanhamento dos estágios.
- Lei nº 11.788, de 25 de setembro de 2008– Dispõe sobre o estágio de estudantes; altera a redação do art. 428 da Consolidação das Leis do Trabalho – CLT, aprovada pelo Decreto-Lei nº 5.452, de 1º de maio de 1943, e a Lei nº 9.394, de 20 de dezembro de 1996; revoga as Leis nºs 6.494, de 7 de dezembro de 1977, e 8.859, de 23 de março de 1994. (Anexo 1)
- Cartilha esclarecedora sobre a Lei do Estágio (Lei nº 11.788/2008). (Anexo 2)
- Grupo de Trabalho de Administração instituído pela Portaria Ministerial nº 4.034/2004, a organização do equivalente a um "Núcleo de Práticas Administrativas".

2.2 PARÂMETROS QUE REGULAMENTAM AS CONTRATAÇÕES DE ESTAGIÁRIOS

Com base na Lei nº 11.788, de 25 de setembro de 2008, que regulamenta a atividade de Estágio e dá outras providências, existem parâmetros predeterminados para a contratação de Estagiários, que as empresas devem cumprir. Em síntese, algumas recomendações se tornam importantes a destacar:

a) A carga horária está limitada a seis horas diárias/trinta horas semanais;

b) Os Estagiários têm direito ao recesso remunerado (férias) de trinta dias a cada doze meses de estágio na mesma Empresa ou, o proporcional ao período estagiado se menos de um ano. Não há abono de férias, 1/3. A nova Legislação do estágio também não prevê 13º salário;

c) O tempo máximo de estágio na mesma Empresa é de dois anos, exceto quando tratar-se de Estagiário portador de deficiência;

d) A remuneração e a cessão do auxílio-transporte são compulsórias, exceto nos casos de estágios obrigatórios;

e) Profissionais Liberais com registros em seus respectivos Órgãos de Classe podem contratar Estagiários;

f) O capital segurado do Seguro de Acidentes Pessoais, cujo número da Apólice e nome da Seguradora precisam constar do Contrato de Estágio, e devem ser compatíveis com os valores de mercado;

g) Um Supervisor de Estágio poderá supervisionar até dez Estagiários.

Com relação à quantidade de estagiários no quadro de pessoal das empresas, o art. 17 determina o número máximo de estagiários, em relação ao quadro de pessoal das entidades concedentes de estágio, explicitando as seguintes proporções:

I – de 1 (um) a 5 (cinco) empregados: 1 (um) estagiário;

II – de 6 (seis) a 10 (dez) empregados: até 2 (dois) estagiários;

III – de 11 (onze) a 25 (vinte e cinco) empregados: até 5 (cinco)estagiários;

IV – acima de 25 (vinte e cinco) empregados, até 20% (vinte por cento) de estagiários.

Em seus parágrafos afirma:

> § 1º Para efeito desta Lei, considera-se quadro de pessoal o conjunto de trabalhadores empregados existentes no estabelecimento do estágio.
> § 2º Na hipótese de a parte concedente contar com várias filiais ou estabelecimentos, os quantitativos previstos nos incisos deste artigo serão aplicados a cada um deles.
> § 3º Quando o cálculo do percentual disposto no inciso IV do caput deste artigo resultar em fração, poderá ser arredondado para o número inteiro imediatamente superior.

OBS.: Segundo a lei, o art.17 se aplica exclusivamente ao Estágio no ensino médio tradicional.

2.3 RESUMO DA NOVA LEI DE ESTÁGIO

Alguns aspectos devem ser destacados na Lei de Estágio, em termos de sua realização e operacionalidade; assim, destacam-se:

• as contratações de estagiários não são regidas pela CLT e não criam vínculo empregatício de qualquer natureza;

• sobre estas contratações não incidem alguns dos encargos sociais previstos na CLT, entretanto, o Estagiário tem direito ao recesso remunerado *(férias)* de 30 dias a cada doze meses de estágio na mesma Empresa, ou o proporcional ao período estagiado, gozados ou indenizados;

• o estagiário não entra na folha de pagamento;

• qualquer aluno, a partir de dezesseis anos, dos anos finais do ensino fundamental do ensino profissional, do ensino médio regular ou profissional e estudante de nível superior, pode ser estagiário;

• a contratação é formalizada e regulamentada exclusivamente pelo TERMO DE COMPROMISSO DE ESTÁGIO;

• o Termo de Compromisso de Estágio deverá ser assinado pela Empresa, pelo Aluno e pela Instituição de Ensino;

• a jornada de trabalho é de, no máximo, 6 horas diárias e 30 horas semanais;

• o tempo máximo de estágio na mesma Empresa é de dois anos, exceto quando tratar-se de Estagiário portador de deficiência;

• não existe um piso de bolsa-estágio preestabelecido, mas a remuneração, bem como o auxílio-transporte, são compulsórios para estágios não obrigatórios;

- A Legislação não prevê qualquer desconto sobre o valor da bolsa-estágio decorrente da concessão do auxílio transporte;

- o estagiário, a exclusivo critério da Empresa, pode receber os mesmos benefícios concedidos a funcionários, sem que o procedimento estabeleça vínculo empregatício;

- o período médio de contratação é de 6 meses e pode ser rescindido a qualquer momento, por qualquer das partes, sem ônus, multas ou sanções;

- o estagiário, obrigatoriamente, deverá estar coberto por um Seguro de Acidentes Pessoais compatível com os valores de mercado;

- A ausência do Termo de Compromisso de Estágio e/ou do Seguro de Acidentes Pessoais caracteriza vínculo empregatício e sujeita a Empresa às sanções previstas na CLT.

2.4 O FUNCIONAMENTO DO ESTÁGIO E SUAS AÇÕES

O Estágio é o momento acadêmico em que o estudante irá vivenciar atividades profissionais, tendo a visão educacional e de ensino como seu foco de funcionamento. Para tanto, é preciso delinear seu planejamento, desde seus objetivos até as responsabilidades do Estagiário.

2.4.1 Objetivos do Estágio

São vários os objetivos a serem cumpridos pelo Estágio Supervisionado, os quais precisam estar bem claros tanto para quem orienta a disciplina em instituições superiores, como para aqueles que concedem a atividade aos estudantes. Os seguintes objetivos buscam-se alcançar:

• Proporcionar ao estudante oportunidades de desenvolver suas habilidades, analisar situações e propor mudanças no ambiente organizacional e societário.

• Incentivar o desenvolvimento das potencialidades individuais, propiciando o surgimento de novas gerações de profissionais empreendedores internos e externos, capazes de adotar modelos de gestão, métodos e processos inovadores, novas tecnologias e metodologias alternativas.

• Complementar o processo ensino-aprendizagem, através da conscientização das práticas de mercado e incentivar a busca do aprimoramento pessoal e profissional.

• Refletir, sistematizar e testar conhecimentos teóricos e instrumentos,discutidos em sala de aula, por meio de experiências concretas, de observação, reflexão e formação de conceitos, levantando problemas de gestão,propondo sistemas, planos e programas em ambiente empresarial ou institucional.

• Propiciar ao aluno-estagiário vivência da realidade profissional e familiarização com o futuro ambiente de trabalho e dos negócios.

• Estabelecer integração efetiva entre a faculdade e a empresa, contribuindo para a atualização e o aprimoramento constante do currículo escolar.

• Favorecer o conhecimento e a aplicação de novas tecnologias, metodologias e organização do trabalho.

• Incentivar a relação teoria e prática, por meio da pesquisa aplicada.

2.4.2 Habilidades a serem desenvolvidas nos estudantes em Estágio Supervisionado e negócios em cursos da área de gestão

O Estágio, como atividade estudantil que relaciona o mundo do trabalho ao acadêmico, busca desenvolver algumas habilidades básicas que todo estudante deva alcançar, são elas:

- Comunicar-se bem, de forma interpessoal, intercultural, expressando-se, também, corretamente nos documentos técnicos específicos;
- Interpretar a realidade das organizações;
- Exercer atividades com criatividade, iniciativa, autonomia na tomada de decisões em contextos e situações profissionais;
- Utilizar adequadamente as ferramentas de administração e outros recursos tecnológicos;
- Atuar em equipes;
- Desenvolver o espírito empreendedor e proativo;
- Realizar a busca de soluções organizacionais por meio da pesquisa;
- Realizar atitudes embasadas em princípios éticos, direitos e deveres de Cidadania, solidariedade e humanismo.

2.4.3 Áreas de atuação do Estágio Supervisionado em cursos de gestão e negócios

A atuação do estudante nesta disciplina, com atividades práticas e teóricas, pode ser realizada em vários ambientes, tanto empresarial ou organizacional, como no próprio contexto acadêmico que demande a prática profissional.

No ambiente INSTITUCIONAL, o aluno poderá atuar em algumas áreas da organização, como a Administração Financeira, Contabilidade Gerencial, Administração de Recursos Materiais e Patrimoniais, Administração de Recursos Humanos, Administração da Produção e Operações, Administração Geral, Organização, Marketing, Sistema de Informações Gerenciais e outras (a critério dos docentes do colegiado do curso, em que se lecionam as disciplinas de Estágio).

No ambiente do MAGISTÉRIO, o estudante poderá atuar como assistente ou monitor de docentes em aulas-laboratórios em cursos de graduação, ministrar aulas em cursos livres e cursos técnicos profissionalizantes, nas disciplinas específicas do curso, limitando-se, no máximo, a um total de 50 (cinquenta horas) de estágio supervisionado.

No ambiente ACADÊMICO DE PRÁTICAS PROFISSIONAIS, o discente poderá atuar em Empresa Júnior, nos Laboratórios práticos ou Escritórios de Práticas Profissionais, realizando as seguintes tarefas: elaboração de projetos, plano de negócio, que, se aprovado com viabilidade de implantação, será de propriedade da Própria instância de prática profissional, não caracterizando impedimento da aplicabilidade do mesmo pelo aluno.

No ambiente ACADÊMICO-CIENTÍFICO DA INICIAÇÃO CIENTÍFICA, o estudante poderá atuar, junto ao professor, com sua orientação e acompanhamento, atividades de pesquisa aplicada que se relacionem as práticas profissionais às teorias aprendidas no curso de formação, como: a elaboração de Projeto de Pesquisa Aplicada ao Mercado de sua área, e sua realização, por meio da orientação e entrega de relatório de pesquisa.

Observações:

I – O Institucional poderá se desenvolver em Empresas prestadoras de serviços, empresas comerciais, indústrias, entidades com fins sociais, órgãos públicos federal, estadual e municipal;

II – Os projetos de plano de negócio só poderão ser vinculados às Empresas Juniores, em que o aluno possa realizar observação e coleta de dados e análise de resultados, para fins de Estágio e de seu Trabalho de Conclusão de Curso – TCC;

III – As Disciplinas de Laboratórios de prática podem dar origem ao Trabalho de Conclusão de Curso, mas não contam como horas deEstágio Supervisionado, já que são horas de créditos obrigatórios;

IV – O Estágio poderá ser realizado na própria atividade laboral, independente de vínculo empregatício, desde que comprovado por documento oficial da empresa.

V – O TCC, em suas atividades, não pode ser computado como horas de estágio.

2.4.4 Algumas modelagens acadêmicas de práticas profissionais em cursos de gestão e negócios em que se possa cumprir a atividade de Estágio

As modelagens acadêmicas de prática profissional são várias, contudo, existem quatro, consagradamente, as mais usuais e as que conferem melhores resultados. Assim, passa-se a apresentá-las brevemente.

2.4.4.1 Laboratório de Prática Contábil - seu funcionamento e suas ações educativas.

O Laboratório Contábil tem por finalidade a inserção do aluno do curso de graduação em Ciências Contábeis na realidade das entidades, através do estágio voluntário, realizado pelos acadêmicos no atendimento à demanda da comunidade tanto interna à instituição de ensino superior, como Centros Acadêmicos quanto externos, compreendendo as demais entidades. O funcionamento do laboratório está condicionado às demandas existentes. Não visa, de maneira alguma, possíveis resultados, sendo os serviços prestados integralmente gratuitos e supervisionados por professores dos cursos. Os serviços prestados pelo laboratório não são contínuos a uma mesma entidade, não caracterizando, desta maneira, concorrência aos escritórios de contabilidade e demais prestadores de serviços.

O Laboratório de Prática Contábil de atividade experiencial é exigida, em virtude da necessidade da vivência profissional do graduando em Ciências Contábeis, por acabar limitada, não obtendo conhecimento do funcionamento e nem de habilidades necessidades de entidades e organizações na prática. Alguns cursos acabam, também, esquecendo da função social da instituição em que se inserem, pois é preciso pensar o papel mediador da Universidade, para redimensionar as condições atuais de produção de trabalho e o ensino em contabilidade.

A atual formação profissional do egresso exige promover um processo de experiências do sujeito com o grupo numa relação de troca, possibilitando-lhe agir em novas situações, com os meios que o auxiliam a compreender melhor o mundo e o situam em melhores condições ao lidar com suas relações com outras pessoas e empresas. Sendo assim, um Laboratório de Prática Profissional é um meio que possibilita a vivência da realidade pessoal e profissional, numa concepção holística.

2.4.4.2 Empresa Júnior (intercursos, abrangem todos os cursos de gestão e negócios)

A Empresa Júnior é uma associação civil sem fins lucrativos, constituída e gerida exclusivamente por alunos de instituições de ensino superior. Presta serviços à comunidade tanto acadêmica como a em seu entorno, e desenvolve projetos para empresas e entidades, sob a orientação de professores e profissionais especializados. O conceito nasceu na França, com o MEJ (Movimento Empresa Júnior), em 1967, e se difundiu no meio acadêmico do Brasil. Em 1969, houve a criação da Confederação Nacional das Empresas Juniores fato consequente à coirmã francesa. Na década de 80, o modelo francês começou a se desenvolver e se disseminar por todo o país. No Brasil, uma das primeiras empresas juniores foi a fundada em São

Paulo, em 1989, na Escola Politécnica da Universidade de São Paulo (USP). Na sequência, surgiram empresas na Fundação Getúlio Vargas e na Universidade Federal da Bahia. O movimento JÚNIOR brasileiro expandiu-se tanto, de sorte que, entre 1988 e 1995, criaram-se cem empresas, número que a França só veio a atingir em 19 anos. Assim, no Brasil, em 2003, foi criada a Confederação Brasileira de Empresas Juniores – a Brasil Júnior, hoje formada por nove federações espalhadas pelo país.

Pela finalidade da Empresa Júnior ser educacional, por ser uma associação civil sem fins econômicos e, ainda, pela estrutura de baixos custos fixos, os preços praticados são consideravelmente abaixo do preço de mercado. No entanto, a Empresa Júnior deve-se localizar no ambiente da Universidade, e todos os projetos e serviços seguem orientação obrigatória de professores ou profissionais da área, com o objetivo de sempre garantir um padrão elevado de qualidade e de prática profissional.

2.4.4.3 Escritório de Prática Profissional ou Escritório-Modelo

Com a finalidade de realizar atividades práticas reais ou simuladas, o Escritório-Modelo ou de Prática profissional não constitui empresa, mas sim um local em que se cria infraestrutura similar à prática profissional, onde o estudante irá vivenciar situações e aplicações dos conhecimentos e habilidades desenvolvidas ao longo do curso. Com as atividades práticas que oferecem aos alunos a construção de conhecimento adequado ao exercício profissional, contemplando o programa definido em regulamento próprio, criado especificamente para a realização do Estágio Supervisionado ou para atividades práticas do curso, desenvolvido durante dois anos, geralmente os últimos.

As normas de realização são criadas pela instituição de ensino. Os estagiários e participantes deverão desenvolver o conteúdo programático do Estágio e demais atividades, como a supervisão e a atuação direta de professores e de especialistas da área, responsáveis pela definição das atividades a serem empreendidas.

A vantagem do Escritório de Prática Profissional é a facilidade de sua implantação, cujo espaço físico e o material humano adequados são seus focos principais.

2.4.4.4 Núcleo de Práticas Administrativas

O Grupo de Trabalho de Administração instituído pela Portaria Ministerial nº 4.034/2004 recomendou uma interessante inovação pedagógica, ou seja, a organização do equivalente a um "Núcleo de Práticas Administrativas" que tivesse por objetivo incentivar a adoção de novos modos de integração entre a teoria e a prática da Ciência da Administração, incorporados ao Projeto Pedagógico do curso. São exemplos dessas práticas, a Incubadora de Empresas, Incubadora de Ideias, Agência de Projetos, Banco de Projetos ou equivalentes, Simuladores de Jogos Empresariais, além de convênios com entidades ou associações para a realização de atividades que estejam em sintonia com o objetivo do curso e com o Perfil do formando desejado.

2.5 ATRIBUIÇÕES DOS PROFESSORES ORIENTADORES DE ESTÁGIO

A Coordenação de Estágios, subordinada à coordenação do curso e ao Núcleo de Estágio, quando existir, é responsável por todas as atividades que tenham por fim a realização do Estágio Supervisionado, desde a matrícula até a entrega do relatório final.

Compete ao coordenador de Estágio:

• Orientar os acadêmicos para a realização dos seus estágios.

• Supervisionar os trabalhos de estágio, fornecendo, sempre que necessários, os subsídios para formulação de programas e relatórios.

• Cadastrar e validar os contratos de estágios, suportados pelo programa de estágio.

• Distribuir/supervisionar os acadêmicos nas opções de estágio.

• Orientar e esclarecer, quanto ao estágio, como validade curricular.

• Sensibilizar as organizações e os alunos para a receptividade da atividade de estágio;

• Zelar pelo cumprimento da legislação aplicável aos Estágios, como atividade curricular.

• Elaborar, com a participação do coordenador de curso, proposta de alteração do Regulamento de estágio.

• Articular-se com outros órgãos da universidade para firmar convênios e tratar de assuntos gerais relativos a estágios, quando solicitado.

• Avaliar os relatórios e demais documentações pertinentes à conclusão do Estágio Curricular dos alunos orientados por ele.

• Tomar decisão em questões de aprendizado e situações-problema entre a organização e o estagiário.

• Orientar os estudantes na montagem do Relatório de Observação Empresarial e no Projeto de Pesquisa Aplicada ao TCC, observada a proposta da nova modelagem.

2.6 RESPONSABILIDADES DO ESTAGIÁRIO

O estudante que se matricula na disciplina de Estágio e TCC assume diante da Instituição Educacional e da Empresa as seguintes responsabilidades:

- Estar regularmente matriculado no semestre letivo.
- Preencher o Formulário de Estágio.
- Encaminhar ao professor orientador de Estágio.
- Escolher e organizar seu próprio Estágio.
- Requerer, junto ao professor orientador de Estágio, uma carta de apresentação para levar à empresa ou à instituição concedente do Estágio.
- Elaborar o seu Relatório de Observaçãode Estágio e submetê-lo a aprovação do professor de Estágio.
- Assinar Termo de Compromisso e entregá-lo ao professor de Estágio.
- Entregar os relatórios: Relatório de Observação e Projeto de TCC.
- Apresentar a ficha controle de atividades aula a aula.
- Cumprir todas as atividades previstas no roteiro das disciplinas Estágio e TCC.
- Comparecer às aulas e encontros programados pelo professor.
- Elaborar e entregar os relatórios de Estágio, redigidos segundo as *normas da ABNT* (Associação Brasileira de Normas Técnicas).

Esgotadas as questões legais, torna-se oportuna a proposta metodológica da vinculação entre o Estágio Curricular e o Trabalho de Conclusão de Curso, como interação interdisciplinar vertical importante para a formação profissional mais integral do estudante no ensino superior.

CAPÍTULO 3

ESTÁGIO CURRICULAR SUPERVISIONADO E TCC: UMA PROPOSTA PRÁTICA

Viu-se que o Estágio Supervisionado, como era aplicado, não satisfazia aos alunos em função das exigências de mercado, nem em relação aos avanços tecnológicos propostos pela microeletrônica e pelo modelo da flexibilização que imperam na sociedade global. Quando muito, ensinavam-lhes como se relacionar com colegas e superiores, ou clientes, e como funcionava uma determinada empresa. Com efeito, as mudanças nas atividades de Estágio tornaram-se necessárias e imediatas, já que não constituía disciplina obrigatória, e sem carga horária prevista por lei. Portanto, para que um Projeto Pedagógico assuma o Estágio como obrigatório, é preciso que seja uma atividade eficaz e some à formação profissional.

Tendo na Teoria da Aprendizagem Vivencial de Kolb (1983) a base teórica de reflexão, pode-se delinear uma proposta prática para a atividade de Estágio Curricular Supervisionado, vendo-se na pesquisa o grande elo entre a Teoria e a prática para o estudante universitário.

Kolb afirma que é na prática e nas situações experienciais que o indivíduo se desenvolve, reflete e consegue realizar aquilo que aprende em instituições de conhecimento formal. É a pesquisa, com o reconhecimento de um problema bem percebido e definido, que se fixa a possibilidade de solução, onde as experiências do aprendizado se consolidam. Contudo, inicialmente, deve-se atentar para a integração do Estágio na estrutura curricular e, consequentemente, nos procedimentos para a realização da pesquisa, como forma de integração entre a Teoria, aprendida ao longo do curso de graduação, e a Prática, vivenciada nas disciplinas práticas de formação profissional, como é o caso do Estágio.

3.1 ESTÁGIO E TRABALHO DE CONCLUSÃO DE CURSO: ÚNICO CAMINHO

Já que o Estágio nesta concepção possui como foco a solução de um problema percebido e verificado na realidade da empresa, é absolutamente passível de se transformar essa atividade desenvolvida em relatório acadêmico-científico que resulte em uma Monografia, um artigo, um relatório de campo, como estudo de caso, entre outras possibilidades.

Nesta lógica apresentada, toda atividade de produção acadêmica de prática científica para conclusão do curso seria decorrente da disciplina Estágio, pois, desde lá, o problema seria detectado e se buscaria uma solução e resultados. Ainda, a disciplina de Estágio assume a responsabilidade de pensar sobre o problema real da empresa e, a partir daí, a produção de um projeto de Trabalho de Conclusão de Curso – TCC.

Subsequente ao Estágio, independente de se chamar Estágio II, TTC ou TCC, virá a disciplina, em que se executará o projeto de trabalho de conclusão do curso, constituindo-se, Estágio e TCC em disciplinas de supervisão à prática profissional e à produção do trabalho acadêmico-científico final.

Em termos acadêmicos, o estudante ficaria melhor orientado e teria tempo suficiente para a elaboração de seu trabalho, posto que haveria quase um ano para elaborá-lo, já que a atividade de Estágio se localizaria, no sétimo período, na maioria das matrizes de cursos da área de gestão.

DIAGRAMAÇÃO DA INTEGRAÇÃO DAS DISCIPLINAS PARA A PESQUISA

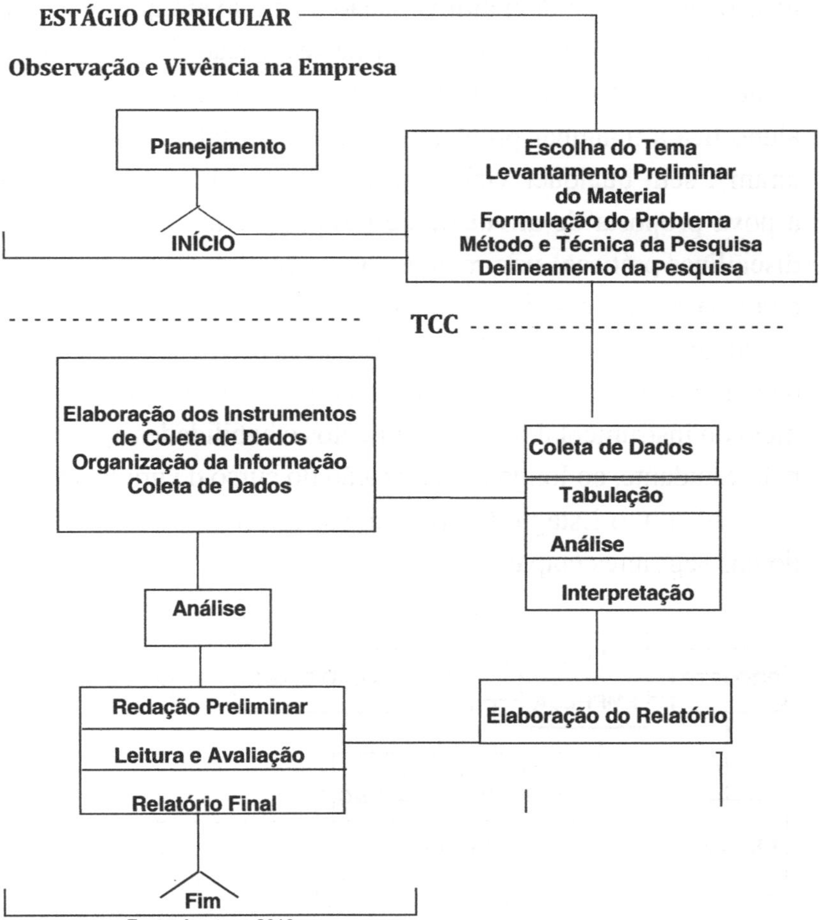

Fonte: A autora, 2010

Servindo como base para a conclusão de Cursos de Gestão e Negócios, e sendo obrigatório ao aluno, o Estágio Curricular deve se relacionar a, pelo menos, duas disciplinas que fazem parte do Currículo, identificando-se com a área de pesquisa pretendida pelo estudante. Assim, o tema a ser investigado pelos alunos e sua devida problematização, também, devem estar relacionados. Com essa atitude, o Estágio passa a referendar as linhas de pesquisa e de maior vocação do curso em que se insere.

Diferente do que se pratica na realização do Trabalho de Conclusão de Curso, como relato geralmente teórico, em que o aluno fica a imaginar problemas que "ouviu falar" ou "lhe contaram", sem qualquer vínculo com a sua realidade e vivência, a nova proposta de atividade de pesquisa, em cumprimento às disciplinas práticas, exigirá uma nova mentalidade na vinculação empresa x ensino superior, levando o aluno a realizar pesquisa social aplicada (Gil, 2002), cuja Empresa será o ponto de partida para a constatação do problema empírico a ser resolvido, por meio do instrumental de conhecimentos e habilidades aprendidas pelo estudante, ao longo da realização do curso de graduação.

Assim, o Estágio Curricular Supervisionado será realizado nas seguintes etapas:

Fonte: a Autora, 2010

Da perspectiva dos profissionais envolvidos na atividade de Estágio, serão importantes algumas condições, para viabilizá-lo.

A Universidade ou IES, responsável acadêmica pela realização do Estágio Curricular, necessita criar alguns suportes para a melhor realização da atividade, como:

– Dedicação de Orientadores-Supervisores (professores do curso) que garantam a qualidade da proposta do aluno (Projeto) e seu resultado;

– garantia de confiabilidade e confidencialidade dos dados levantados;

– disponibilidade de tempo, prevista na carga horária do aluno, nos períodos, em que as disciplinas são alocadas;

– qualidade de ensino e busca de identidade e reconhecimento com a área de pesquisa aplicada;

– integração entre as disciplinas de fundamentação acadêmico-científica, como Metodologia Científica, Análise e Avaliação de Projetos e as disciplinas práticas de Estágio e TCC.

A Empresa, concedente da atividade, deve criar elementos de ambientação e infraestrutura, para que tudo se realize da melhor forma, de modo a usufruir dos resultados alcançados. A saber:

– criação de um setor de supervisão de Estágio, que conte com profissionais preparados para receber o aluno, facilitar a coleta de dados e sua permanência na empresa;

– o Orientador-Supervisor ou Coordenador Supervisor na empresa deve possibilitar ao estudante o conhecimento da organização e as informações sobre a mesma (exigência legal);

– confiança no trabalho do Estagiário, como formaçã profissional;

– permanente contato dos Coordenadores-Supervisores das IES e das Empresas.

3.2 A INTEGRAÇÃO DE DISCIPLINAS E FORMAÇÃO DE HABILIDADES NA ESTRUTURA CURRICULAR DOS CURSOS

O Estágio Curricular Supervisionado não é apenas uma experiência prática vivenciada pelos estudantes, mas, também, consiste na oportunidade de refletir, sistematizar e testar conhecimentos teóricos e instrumentais aprendidos durante o curso superior. Esta testagem está relacionada diretamente ao conjunto de habilidades e conhecimentos que permitam resolver problemas encontrados no dia a dia das organizações. Assim, como se percebe, a aproximação entre a teoria e a prática deve ocorrer em função de meios científicos que tragam resultados satisfatórios para solução de problemas empíricos, de acordo com as especificidades de cada empresa e seu foco de atividade produtiva.

Desta forma, Roesch (2006) acredita que o Estágio Curricular é a chance de aprofundar conhecimentos e habilidades na área de interesse do aluno, onde o conhecimento é produzido epistemologicamente, e o aluno, ao observar situações problemáticas nas organizações, é levado a propor "sistemas, avaliar planos ou programas, bem como testar modelos e instrumentos", podendo utilizar a pesquisa para melhorar as práticas organizacionais.

Nesta lógica apresentada, a atividade de produção acadêmica científica do aluno, como trabalho de finalização de curso, deve ser decorrente da disciplina Estágio, pois desde lá, o problema foi detectado e se buscou uma solução e resultados. Assim, a disciplina TCC passaria a ser orientação de trabalho, iniciado e investigado em Estágio, momento em que o aluno construiu relações práticas com a empresa, visualizando o dia a dia organizacional.

A Metodologia da Pesquisa Científica, disciplina anterior na estrutura curricular do curso, servirá como base do pensamento da ciência, para o Estágio ao planejar o TCC, por meio de um projeto. Sua continuidade se dará na disciplina TCC, momento em que o estudante produzirá seu trabalho, na modalidade que escolher: Monografia, Artigo ou Relatório de Pesquisa Aplicada, como um Estudo de Caso, uma Pesquisa de Levantamento, uma Pesquisa ação, entre outras.

Cabe ainda ressaltar a interdisciplinaridade vertical que se cria na matriz do curso por meio desta vinculação. Como se pode verificar na figura abaixo:

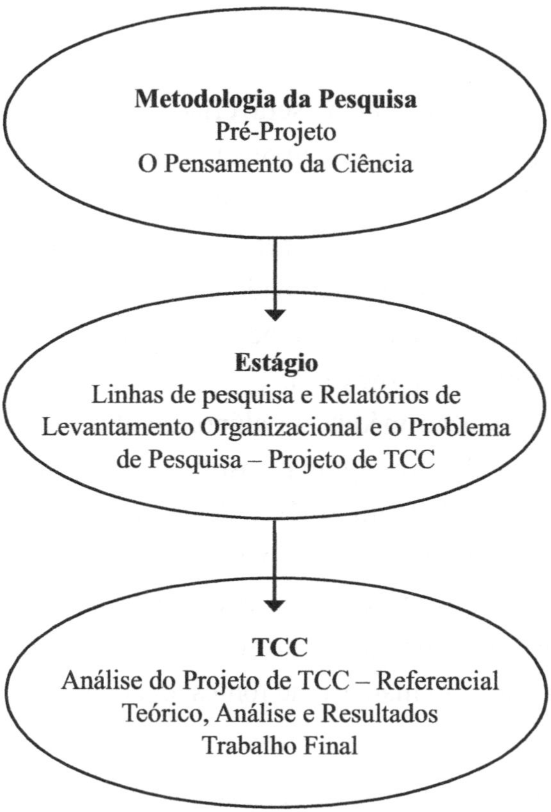

Fonte: a Autora, 2010

3.3 INSTRUMENTOS DE ACOMPANHAMENTO EM ESTÁGIO: VINCULAÇÃO TEORIA E PRÁTICA

Para legitimar a vinculação Estágio e TCC, de forma processual, é necessária a construção de dois instrumentos que reflita efetivamente o momento da observação em campo ou profissional e a transferência do tema problematizado, verificado na empresa concedente de Estágio, com a finalidade de se transformar em planejamento de pesquisa para o TCC.

Assim, sugere-se um instrumento, do tipo formulário, autoinstrucional que o aluno irá responder, passo a passo, à sua observação na organização ou no espaço prático escolhido para o Estágio Supervisionado. (Anexo 3)

Ainda nesta disciplina, será criado o planejamento da pesquisa aplicada que se desenvolverá em TCC. Chamado de Projeto de TCC (página 53) será um guia metodológico, no qual serão apontados, previamente, um conjunto de ações acadêmico-científicas que seguem padrão determinado. Sugere-se um relatório de planejamento de pesquisa aplicada para o uso e controle do professor (Anexo 4).

Como produção inédita do aluno, geralmente individual, mas facultado a ele, por algumas instituições, ser realizada em pequenos grupos, o Estágio e o TCC devem resguardar os projetos e trabalhos da atitude de plágio e cópia. Assim, como sugestão, indica-se a construção de um documento de Responsabilidade de Plágio e Cópia, que legitima o compromisso assumido pelo aluno, quanto ao mau uso de fontes, citações e trabalhos de terceiros. (Anexo 6)

Em resumo, pode-se resumir a relação Estágio e TCC em um quadro:

ESTÁGIO E TCC – Ações e Atividades
ESTAGIO– 7º período
1ª Etapa – Elaboração do Relatório a ser realizado pelo aluno, no local escolhido para realização do Estágio Supervisionado ou em outros locais permitidos de prática profissional, orientado pelo professor coordenador da disciplina Estágio Supervisionado, produzido, digitado e entregue pelo aluno, na data marcada pelo professor, equivalendo à primeira avaliação; 2ª Etapa – Desenvolvimento das atividades práticas em campo de trabalho sob supervisão e avaliação de desempenho por parte da empresa e da disciplina. Diagnóstico da organização ou do respectivo local de prática profissional, e os problemas pertinentes às atividades administrativas, conforme o respectivo programa de Estágio, gerando a Elaboração e apresentação do Projeto de TCC.
TCC – 8º período
3ª Etapa – Elaboração do Relatório de TCC, a partir do Projeto de TCC, segundo a modalidade escolhida, baseado no Relatório de Estágio (Orientação); o aluno apresentará parte do TCC até a data da primeira avaliação. 4ª Etapa – Entrega total do Relatório Final de TCC, na modalidade escolhida, na segunda avaliação.
IMPORTANTE: As notas das disciplinas serão dadas ao final, em apenas uma avaliação formal, quando o aluno se obriga a apresentação oral e entrega impressa e digital do trabalho em ambas disciplinas.

Fonte: a Autora, 2010.

PARTE 2
A PRODUÇÃO CIENTÍFICA

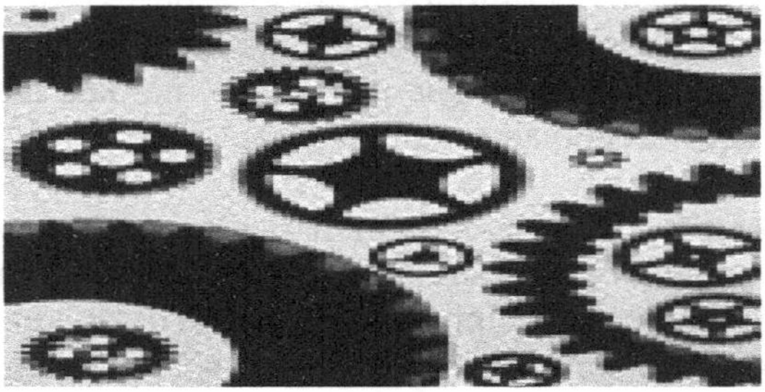

A pesquisa científica ocupa, atualmente, posição de destaca na solução dos problemas organizacionais. Desde uma pequena empresa de serviços até uma grande organização, elas veem na pesquisa uma grande aliada. Foi-se o tempo do ensaio e erro. Agora é pensar certo, com método e técnica, para alcançar resultados. As várias ciências das organizações se unem em prol de respostas mais consistentes para problemas novos e mais complexos. Com isso, as instituições de ensino superior trazem contribuições na formação do aluno, quando realizam a união teoria e prática, expressa pelo binômio: Academia e Mercado de Trabalho.

Capítulo 4

O PAPEL DA CIÊNCIA E OS DIFERENTES MODOS DE CONHECER A REALIDADE

Pode-se definir a Ciência como "estudo, com critérios metodológicos, das relações existentes entre causa e efeito de um fenômeno qualquer, no qual o estudioso se propõe a demonstrar a verdade dos fatos e suas aplicações práticas". (Oliveira, 2001, p. 47)

A Ciência pressupõe um conjunto de conhecimentos organizados e sistematizados, em contraposição ao conhecimento espontâneo, empírico e popular que não se preocupa com a sistematização. É através desse conhecimento organizado que se pode procurar e atingir a verdade, as causas dos fatos e dos fenômenos.

Como objetivo, a Ciência se propõe a estabelecer as leis que regem as relações, nos fenômenos, entre a causa e o efeito. A Ciência possui como principal função o aprimoramento do conhecimento, do saber.

O papel da ciência é produzir, interpretar e divulgar o conhecimento e os métodos para alcance de resultados.

Realizar a ciência significa agir e pensar dentro de um conjunto de procedimentos que possam ser sistematizados. É um processo que exige uma atitude crítica, de forma a não se contentar com explicações incompletas ou passageiras, cujos argumentos não possuem caráter de aceitabilidade inequívoca.

O papel da ciência no mundo acadêmico é importante para todos, porque é por meio dela que se descobrem e se encontram respostas para os problemas sociais. Assim, criam-se melhorias ao homem, para viver melhor no mundo.

Na atualidade, a ciência necessita trazer contribuições à sociedade. Não apenas a uma classe ou grupo privilegiado, mas a todos, por meio dela resolver problemas que aflijam o homem, o grupo social em sua totalidade. Esta é a grande discussão atual da ciência, o compromisso social, a relevância de seu desenvolvimento.

Conhecer é atuar sobre o objeto, de forma a compreendê-lo, interpretá-lo. ou mesmo, "interpenetrá-lo" com habilidade. Contudo, o conhecimento não é estático, é dinâmico, necessita estar em sinergia com a realidade, pois, senão, estará vencido. Por outro lado, o conhecimento não deve ser confundido com informação. Como comenta Eugênio Mussak (2003):

> Conhecimento é algo pessoal, propriedade de quem o detém, não sendo transferido de pessoa a outra, por inteiro, com todas as suas características, sentimentos, detalhes e significados.
> Quanto às informações, estas, sim, podem ser transferidas e, com base nelas, outra pessoa poderá construir o próprio conhecimento. Quando um professor dá uma aula, está, na verdade, passando dados, informações, conteúdos, na expectativa de que os alunos utilizem essa matéria-prima, com a finalidade de construir, eles próprios, seu conhecimento. Assim, transfere-se a informação, cabendo ao aluno transformar em conhecimento (p. 23).

Além de informações, dois outros elementos são necessários para a construção do conhecimento: a percepção do significado e a criação de um elo afetivo. O significado é fundamental, porque a mente humana tende a rejeitar as informações que não tenham utilidade, como diz Mussak. Nesta análise, o conhecimento, apesar de se expressar de várias formas, é mutável, vencível no tempo e no espaço; contudo, útil.

Para conhecer é preciso buscar a verdade, genericamente, consiste em alguma conformidade entre o intelecto e um fenômeno ou elemento. De acordo com Cervo; Bervian (2002): “É o encontro do homem com o desvelamento, com o desocultamento e com a manifestação do ser” (p. 24).

De acordo com essa noção, é possível dizer que a verdade depende da teoria aceita pelo indivíduo. Daí a importância de discernir a base teórica de qualquer processo científico. A realidade é outro aspecto que deve ser objeto de atenção, pois dessa leitura depende a apreensão da própria verdade.

4.1 O MÉTODO CIENTÍFICO E SUA FORMA SIMPLIFICADA DE CONHECER A REALIDADE

O Método Científico é um conjunto de processos para conhecer a realidade do mundo, dentro de representações precisas, confiáveis, consistentes, levando a resultados úteis e mais ou menos exatos, de forma a dar solução a alguns problemas do homem e da sociedade.

Alguns Passos do Método Científico para a realização da Pesquisa:

- Perceber um problema no universo – ele pode estar próximo a você. Represente esse problema por meio de uma pergunta;
- Pesquisar sobre o problema – responda a estes questionamentos: O que preciso para resolver o meu problema? O que sei e preciso saber sobre o meu problema?
- Formular uma possível solução para o problema – a Hipótese (talvez a resposta mais simples);
- Testar a possível solução (hipótese), por meio de evidências que possam comprová-la, criando provas;
- Tirar conclusões – suas percepções sobre as provas alcançadas.

Assim, viu-se como o método científico possui uma lógica de pensamento e ações. Organização lógica que um trabalho acadêmico-científico deve assumir.

4.2 COMO APRESENTAR PROVAS E DADOS QUE FORMULEM RESULTADOS CONVINCENTES – EVIDÊNCIAS

Quando se constroi o conhecimento científico, se elabora um conjunto de provas sobre aquilo que se deseja estudar. A ciência está na dependência da compreensão que dela se faz

O quesito, em que se sustenta o procedimento científico, é a busca incessante da verdade. Para que a verdade seja encontrada, é necessário ter o domínio da certeza, por meio de evidências, comprovações.

Segundo Aristóteles, na Retórica da Argumentação, existe um conjunto de evidências que provam e se pode utilizar para comprovação da verdade. A ciência, expressada pelo conhecimento científico, irá se valer de muitos instrumentos de evidências da prova, para construir a verdade científica.

Tipos de Evidências utilizadas como argumentos científicos:

- Citação direta (uso da palavra literal de outros autores) e Citação indireta (uso das ideias de outras pessoas em uma obra) – A Citação é proveniente do registro verbal escrito;
- Declaração (fala livre de alguém sobre o tema) – É de origem verbal oral e transcrita como relato;
- Testemunhos (são declarações inquiridas por alguém sobre o tema) – São de origem verbal oral;
- Pesquisas e Dados Estatísticos – Como sustentação de uma verdade, essas evidências da prova exigem alguns cuidados, para que realmente provem. Todas as pesquisas e os dados estatísticos, provenientes delas, precisam atentar para dois aspectos: a idoneidade da fonte de pesquisa e a atualidade da mes-

ma. Consideram-se, como atuais, pesquisas que não receberam nova versão, mas possuam até 5 anos de realização;

- Fatos – São acontecimentos da realidade, verificados pela observação ou pela testagem, segundo algum instrumento metodológico de comprovação.
- Exemplos – Casos ou situações reais que possam funcionar como prova ;
- Analogias (comparações entre elementos);
- Ilustrações;
- Quadros;
- Tabelas;
- Figuras;
- Gráficos;
- Fotografias;
- Vídeos, etc.

4.3 O CONHECIMENTO CIENTÍFICO E O DOMÍNIO DAS NOVAS TECNOLOGIAS: COMO USAR

O conhecimento científico e acadêmico baseado em testemunhas oculares de fatos ocorridos como em investigações de documentos, pesquisas, mapas, imagens, arqueologia, e outros não basta ao homem no século XXI. O domínio dos recursos da informática e da rede mundial de computadores, representada pela Internet, surge como exigência no ambiente de pesquisa.

Atualmente, o pesquisador conta com um conjunto de ferramentas tecnológicas de que não pode prescindir no seu trabalho de mensuração e produção de resultados. O Excel, o Word como editor de texto, cada vez mais sofisticado, o Office PowerPoint e demais recursos da tecnologia, por meio da microcomputação, trouxeram uma revolução ao estudo e, em consequência, à informação e sua transformação em conhecimento. Como fazer um gráfico ou uma tabela eficiente se não é conhecido o manejo da ferramenta Excel? Como ilustrar uma coleta de dados em campo, se não existe o domínio do Office, com todas as suas possibilidades?

Também a Internet se torna indispensável. O espaço gratuito de coleta de dados é hoje uma possibilidade democrática aos incluídos digitais e, qualquer que seja a pesquisa ou estudo que se realize, não há como deixar de consultar a rede mundial de computadores, em meio ao espaço virtual com suas infinitas possibilidades de busca. Aquele que deseja pesquisar na Internet conta com uma vasta possibilidade de informações que, até mesmo a busca em sites especializados, requer certa habilidade e conhecimentos no seu manejo. (assista ao vídeo do Youtube, sobre como usar sites de busca – http://www.youtube.com/watch?v=06vDGazFs2k&feature=related

Contudo, é preciso cautela ao selecionar dados e informações de pesquisa pela Internet. Como espaço livre de divulgação e disseminação da informação, nem sempre aquilo que é encontrado possui validade e verdade na informação. Muitos textos são mutilados, manipulados e, sem referências, se encontram disponíveis e, por mais que tratem do assunto pretendido, podem conter incorreções que comprometam o estudo realizado. Assim, extrair conhecimentos e informações da Internet exige cuidados e certa habilidade.

Sugere-se que a busca seja em sites conhecidos e referendados como de dados confiáveis e de reconhecimento social e acadêmico. É preciso que todo texto encontrado, como seja passível de uso, apresente fontes de pesquisas, bibliografia atual e referenciada de forma completa.

O Instituto Brasileiro de Informação em Ciência e Tecnologia (Ibict) colocou em operação duas ações voltadas à área acadêmica e que auxiliarão na utilização eficaz da internet como espaço de pesquisa: foram criados os Portais de Livros Didáticos Eletrônicos e o Portal de Periódicos e Repositórios de Acesso Livre. Estas duas iniciativas, financiadas pela FINEP em parceria com o Ministério da Educação, serão espaços confiáveis para a busca de autores, textos, conhecimentos e informações relevantes, para quem deseja coletar dados de pesquisa.

Obs.: Alguns sites de revistas QUALIS A (algumas também podem ser encontradas na versão impressa): www.anpad.org.br/rac,www.rae.com.br, www.rae.com.br/eletrônica,www.read.adm.ufrgs.br,www.rausp.usp.br

O aspecto empírico da tecnologia traz à produção do conhecimento mais praticidade e economia do tempo.

Alguns vídeos interessantes em endereços eletrônicos sobre temas apresentados aqui:

http://www.youtube.com/watch?v=AXzfjQeEjYg&feature=related Conhecimento
http://www.youtube.com/watch?v=UXpR_--vSZFY&feature=related Caverna de Platão
http://www.youtube.com/watch?v=7bwAVAQr5TI&feature=related Aprender com a vida
http://www.youtube.com/watch?v=Aa3Wj4xnwYw Produção científica
http://www.youtube.com/watch?v=Pz4vQM_EmzI&NR=1 Aprender a aprender
http://www.youtube.com/watch?v=YqTZh9LFEPw&feature=channel Aprendizagem Colaborativa
http://www.youtube.com/watch?v=gF2jdsiG7Dg&feature=related Motivação
http://www.youtube.com/watch?v=mNlgV5i7um4&feature=related Educação e vida
http://www.youtube.com/watch?v=BLPDQJmMqNw&feature=related Currículo
http://www.youtube.com/watch?v=YwULlP--UEZE&feature=related Estágio/trenee
http://www.youtube.com/watch?v=yxnhXNvslyU&feature=related Atitudes vencedoras

http://www.youtube.com/watch?v=O9rYJci--efk&feature=related A aparência e como se vestir para a entrevista

http://www.youtube.com/watch?v=nRZVxAWb8A4&NR=1 Tudo depende de mim

http://www.youtube.com/watch?v=I_AcuTXCLX8&feature=related Mensagem Senna

http://www.youtube.com/watch?v=r7yeiRtc1fA&feature=related História do Papiroao computador

http://www.youtube.com/watch?v=_ovOvKfETtw&feature=related Você sabe vender o seu peixe?

http://www.youtube.com/watch?v=hbVwYsLORdY&feature=related Currículo

CAPÍTULO 5

A REDAÇÃO E A COMUNICAÇÃO DO TEXTO CIENTÍFICO

Na Redação do texto científico, deve-se focar o tipo de público alvo a ser atingido. Na produção científica, a comunicação assume certa peculiaridade, pois novos conhecimentos serão produzidos. Segundo REY, 1972:

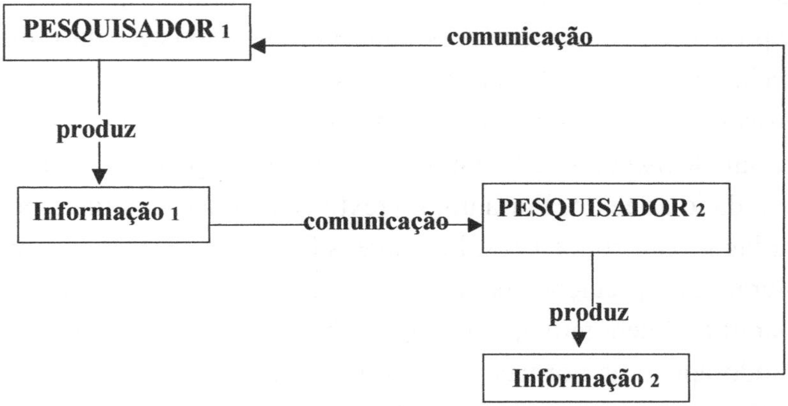

Figura 1 – A produção de informações científicas e sua comunicação fazem parte de um sistema complexo cujo funcionamento é essencial ao desenvolvimento do conhecimento científico. A complexidade resulta do número de pesquisadores, dos meios de comunicação e das barreiras que se levantam contra a difusão de informações.

A produção de informações científicas e sua comunicação se fazem por meio do registro em artigos, ensaios, relatórios acadêmicos, resenhas, entre outros. Assim, a comunicação se propaga de forma bastante específica, pois a mensagem é veiculada de pesquisador a pesquisador, como no quadro acima.

A qualidade da comunicação do texto acadêmico-científico passa por quatro momentos:

- O Projeto de Pesquisa;
- A pesquisa;
- A Redação;
- A Publicação ou Divulgação (entrega do trabalho).

Todos os momentos são importantes para o resultado final da qualidade comunicativa, pois um pode comprometer o outro.

Antes de qualquer abordagem, deve-se estabelecer a distinção entre Redação e Estilo. Redação é a forma de se expressar, na escrita, o pensamento; já o Estilo é o modo pessoal de expressar os pensamentos. No ato de redigir existe uma influência significativa do repertório pessoal que cada pesquisador possui. É indispensável buscar uma forma de escrever mais universal, de maneira a não gerar incompreensões pelo valor subjetivo dado ao texto. Portanto, no texto acadêmico-científico não há lugar para conotações, linguagens figuradas, que promovam plurais interpretações para aquele que lê. Assim, a linguagem científica é denotativa, referencial, objetiva e informativa, guardando apego às normas tanto gramatical como metodológicas (ABNT). A frase, a seguir, ilustra o que foi dito: "Mais do que qualquer profissional, o cientista ou pesquisador tem a obrigação não só de se fazer compreender, mas também a zelar por não ser mal entendido" (p.26).

(E.H. McClelland, 1943; *apud* Barrass, 1979 – Os cientistas precisam escrever – grifo nosso)

Capítulo 6

PESQUISA: O PROJETO - CONCEPÇÃO E ESTRUTURA

Um projeto é um conjunto de ações organizadas, cujo objetivo é planejar, como relato, o que é necessário para o desenvolvimento de um conjunto de atividades que levem a resultados.

O trabalho científico, invariavelmente, desenvolve-se por meio de uma pesquisa que, por tratar-se de procedimento formal e sistemático, requer que sejam planejadas as ações que se fazem necessárias à realização. Daí, o porquê da importância do projeto de pesquisa, entendido como fase preliminar à execução da pesquisa.

Segundo Gil (2002), o Projeto é a primeira fase de qualquer pesquisa. O autor diz, ainda, que há uma estrutura a seguir, não muito livre na formatação, mas que foca elementos mais ou menos, de acordo com sua finalidade.

Um projeto acadêmico, diferente de projetos mais mercadológicos, não fixa os Custos como seu maior aporte, ao contrário, visualiza primeiramente o tema delimitado e sua relevância, na perspectiva de abordar um problema empírico, que mereça ser tratado e resolvido por meio da pesquisa.

6.1 QUALIDADES DO PROJETO

Há qualidades a serem observadas, quando se formula um projeto acadêmico. São elas:

- Tema Relevante e Inovador;
- Clareza na exposição do tema, do problema e de sua delimitação;
- Texto construído, segundo a metodologia científica, usando referencial teórico;
- Atualização no Tema e na Argumentação;
- Estruturação Lógica do Texto: início, meio e fim;
- Texto em acordo com as Normas da ABNT;
- Texto com correção lógica e gramatical;
- Linguagem adequada ao contexto acadêmico-científico;
- Outras qualidades: adequado, original, inédito, imparcial, claro, preciso, coerente, objetivo, unidade, honestidade, exatidão.

6.2 PONTOS A SEREM AVALIADOS NO PROJETO

Há pontos fundamentais de um projeto acadêmico que norteiam sua avaliação. Tais pontos serão apontados aqui como itens de orientação docente e discente nas disciplinas que envolvem projetos e pesquisas:

a) Conteúdo do trabalho:
   Identificação dos objetivos do trabalho;
   Metodologia de pesquisa;
   Consistência na fundamentação teórica;
   Bibliografia clássica e atualizada.
b) Relevância científica e social:
   Relevância do tema/problema;
   Inovação;
   Contribuição para novas pesquisas.
c) Qualidade do texto:
   Normas da ABNT;
   Normas internas, vocabulário técnico e adequado;
   Normas Gramaticais.
d) Apresentação escrita:
   Clareza;
   Precisão;
   Objetividade;
   Unidade;
   Coerência;
   Consistência;
   Coesão;
   Correção.
e) Valor acadêmico, Valor social e contribuição à área.

IMPORTANTE: a escolha do Tema e sua delimitação levam em conta algumas variáveis que podem intervir para a melhoria do trabalho ou para dificultá-lo e, até mesmo, inviabilizá-lo. São elas: motivação e gosto pelo tema; disponibilidade de tempo para se dedicar; espaço físico e distância do objeto de estudo; disponibilidade de fontes de pesquisa; empatia com a área e o tema, entre outros

ESTRUTURA DO PROJETO DE PESQUISA

LINHA DE PESQUISA
INTRODUÇÃO
I – TEMA DELIMITADO...
II – CONTEXTUALIZAÇÃO DO PROBLEMA....................
III – O PROBLEMA..
IV – OBJETIVOS...
Geral ou Final
Específicos ou Intermediários
V – JUSTIFICATIVAS ....
VI – REFERENCIAL TEÓRICO..
VII – METODOLOGIA..
Modelo de Estudo (tipos de pesquisa)
Amostra (técnicas)
Instrumentos
Coleta de Dados
Tratamento de Dados
VIII – CRONOGRAMA..
XIX – CUSTOS (facultativo em nível acadêmico)
X – BIBLIOGRAFIA

6.3 ESTRUTURA DO PROJETO DE PESQUISA

Os elementos que constituem o Projeto de Pesquisa são sempre os mesmos, caracterizando uma formatação de modelo-padrão (Anexo 7). Assim, será tratado cada elemento um a um.

6.3.1 Escolha do Tema

Este é o momento em que o aluno processa a busca, e pode até transformar-se em fator inibidor para o estudo. Aqui ocorre o maior problema, quando não se vincula a pesquisa a uma atividade vivenciada ou experimentada, principalmente, quando não vinculada à formação profissional. Pensa-se sobre o tema no abstrato, na sugestão, e não com apego ao real, ao tangível e ao alcançável como observação.

Entretanto, se houver a vivência sobre o tema,transformará esta etapa significativa para a sua qualificação profissional e, certamente, uma exitosa experiência acadêmica.

Antes de tudo, é preciso pesar o gosto pessoal e o profissional, em relação a determinado tema. A atualidade e o destaque do tema na área de estudo são também importantes. Valorizar acontecimentos da realidade e os problemas vivenciados, também, auxiliam. Contudo, é a prática profissional a maior fonte temática para estudos universitários de pesquisa.

6.3.2 O passo a passo do projeto

Vários são os modelos encontrados na literatura. Entretanto, embora difiram em forma, são sempre os mesmos tópicos imprescindíveis à realização de uma pesquisa: o problema (o tema apresentado de forma problematizada como questão a ser estudada), os objetivos apreendidos pelo estudo e, como trabalho científico, os procedimentos metodológicos.

Quanto à formatação, serão adotadas as normas técnicas oriundas dos documentos NBR 6023/2000 e NBR 14724/2005, publicados pela Associação Brasileira de Normas Técnicas (ABNT).

No caso das agências de fomento à pesquisa (CAPES, CNPQ, FINEP, FAPERJ, entre outras) costumam apresentar formulário próprio para apresentação do Projeto de Pesquisa.

6.3.3 O Problema

Segundo Gil (2002), um problema de pesquisa é de natureza científica, quando envolve as variáveis, que sejam vistas como testáveis.

O problema é verificado na realidade de forma interrogativa e representa a questão que o pesquisador pretende esclarecer a respeito do tema escolhido. Portanto, o Problema é sempre uma pergunta que a pesquisa deseja responder.

Vergara (2002, p. 21) alerta que "problemas formulados de maneira inadequada podem colocar por terra todo um trabalho", já que o Problema é o responsável pelo resultado pretendido.

O problema é o fundamento da pesquisa, pois ele determina o caminho lógico a percorrer para alcançar respostas, resultados, que colaborem ou resolvam questões reais.

Tratando-se da determinação de um problema, para projetos acadêmicos, em cursos de gestão, indica-se o ambiente profissional e das empresas como local próprio e adequado para a percepção e observação do problema de estudo.

Para um Tema como: Logística Empresarial

Poderiam ser determinados alguns problemas de estudo:

– Qual é a logística para um serviço de qualidade em empresas de higienização que atenda ao setor hoteleiro?

– Quais são os itens de qualidade apontados pelos clientes da empresa de comunicação, quanto à distribuição de tabloide diário?

– Quais são as características da gestão de empresas que atuam na área de logística, para entrega de produtos de venda online?

IMPORTANTE: Cada pesquisa deve determinar apenas um problema de estudo.

6.3.4 Delimitação do Tema

Determina os limites da pesquisa, restringindo a área temática do estudo a ser realizado.

Por recortar o tema, direcionando-o e o especificando, delimitar um tema é uma tarefa importante e obrigatória, quando se deseja pesquisar. É a delimitação a responsável pela direção lógica que o problema aborda como questão de estudo principal.

A partir da delimitação realizada, é que se terão elementos para se pensar a metodologia que irá nortear a pesquisa, enquanto processo.

Partindo do problema apresentado anteriormente: Quais são os itens de qualidade apontados pelos clientes de empresa de comunicação, quanto à distribuição de tabloide diário? Elabora-se a seguinte delimitação:

O estudo pretende apresentar os itens de qualidade em serviços de logística de entrega diária, apontados pelos clientes do Jornal XX, de acordo com a coleta realizada, na busca por declarações, via formulário, por colaboradores do Jornal em visita às residências de clientes e ex-clientes com até 2 anos de assinaturas canceladas.

Delimitar a pesquisa significa explicar: **o que será objeto de estudo? O que será abordado?** e **por quê?**

A delimitação fixa a abrangência do estudo, quanto ao tempo e ao local de estudo, e das fontes de consulta.

6.3.5 Objetivos

Os Objetivos são ações necessárias para que o resultado do estudo proposto alcance respostas viáveis e possíveis, como a realização da pesquisa. Assim, eles definem a natureza do estudo, o tipo de técnica a ser usada e o material a ser coletado.

Ao mesmo tempo, eles norteiam as questões de estudo a serem realizadas no referencial teórico da pesquisa.

Os objetivos serão apresentados em tópicos e eles respondem ao seguinte questionamento: **Para que o estudo?**

Os Objetivos se dividem em Geral ou Final e Específicos ou Intermediários.

O Objetivo Geral ou Final é o principal do estudo, é aquele que reproduz as ações a serem alcançadas pelo problema determinado. Por isso, ele praticamente reproduz o problema.

Os Objetivos Específicos ou Intermediários são aqueles que colaboram na realização do Objetivo Geral. Vale ressaltar que representam as ações mais específicas a serem executadas para solucionar o problema e cumprir o Objetivo Geral. Então, são os objetivos específicos os responsáveis por determinar os subtemas a serem elaborados e coletados no Referencial Teórico.

Os objetivos devem ser construídos em tópicos, iniciados por verbos no Infinitivo (o nome do verbo), mas que denotem ações materiais, concretas e jamais subjetivas.

Verbos usuais para Objetivos: Identificar, classificar, enumerar, apresentar, demonstrar, analisar, construir, selecionar, etc.

6.3.6 Justificativa

É responsável por determinar a importância científica, social e pessoal do estudo. Demonstra a contribuição social, profissional, coletiva e pessoal.

Entre várias abordagens, apresenta o estágio em que se encontra o conhecimento do tema escolhido (estado da arte), o alcance que o pesquisador pretende atribuir ao trabalho e as vantagens recebidas, por meio dos resultados.

Para Vergara (2002, p. 33), a Justificativa responde a uma pergunta básica: "em que o estudo é importante para área na qual você está atuando ou na área na qual busca formação acadêmica, ou para a sociedade, em regra geral?"

Assim, a pergunta que norteia a Justificativa é: **Quais são as contribuições** da pesquisa para a sociedade, para um grupo (coletividade de indivíduos, de profissionais) e para aquele que realiza a pesquisa?

É item responsável por convencer, quem lê o projeto, sobre sua importância para a área de estudo, para o contexto social, profissional e humano.

6.3.7 Referencial Teórico

O Referencial Teórico representa a coleta de informações e conhecimentos, produzidos na área em estudo que, de alguma forma, venha a desenvolver subtemas que solucionem o Problema determinado para a pesquisa.

O Referencial Teórico equivale, em seus títulos, tratar os objetivos específicos determinados no projeto. Assim, observe:

Se um objetivo específico é: Conceituar a Logística e suas áreas de atuação, tem-se como título para uma seção ou capítulo: A logística conceitual e suas áreas de atuação.

Contudo, construir base teórica implica buscar e coletar leituras sobre o tema pretendido. No corpo do projeto de pesquisa, o Referencial Teórico é responsável por apontar a revisão da literatura existente, realizada de forma preliminar pelo autor, oferecendo provas e comprovações aos objetivos propostos.

É neste momento do projeto que o autor irá escolher conceitos e definir termos sobre o tema estudado, criando categorias com as quais pretende lidar e com o material a ser coletado.

O Referencial Teórico é representado pela seguinte pergunta: **Quais dados levam a saber e conhecer sobre o problema?**

IMPORTANTE: cada tema a ser tratado no Referencial Teórico estará relacionado a cada objetivo específico traçado para a pesquisa no projeto.

6.3.8 Metodologia

Pesquisar é construir o conhecimento científico; por esta razão, serão encontradas todas as suas características na pesquisa, como: é sistematizado, parte do real, quase exato, metodo lógico, comprovado, entre outras características.

Conforme afirma Gil (2002), toda pesquisa cumpre uma finalidade, necessita de um modelo de estudo para ser executada com cientificidade e solicita que os dados coletados sejam tratados com método, utilizando uma técnica correta.

Assim, fica claro que o projeto de pesquisa, como planejamento da pesquisa, demonstre o modelo de estudo, o tipo de pesquisa e as técnicas que serão utilizadas para a sua realização. Também estarão definidos os elementos que constituem a amostra; os instrumentos a serem aplicados (questionários, entrevistas e outros); a forma com que se processará a coleta e a análise dos dados.

Com isso, ao planejar a pesquisa, já se deve determinar o tipo de pesquisa e suas técnicas para a coleta de dados a ser realizada, e sua vinculação com os demais elementos apontados e descritos.

6.3.8.1 Os Procedimentos Metodológicos

Os Métodos e as técnicas constituem etapas obrigatórias da investigação cientifica. No Projeto da Pesquisa, já se deve determinar as ferramentas com as quais se pretende realizar o trabalho sistematizado da pesquisa, para que realmente traga resultados à questão problema que norteia o estudo pretendido.

O Método está relacionado ao modelo de pesquisa e reflete o problema a ser estudado. Conhecer o problema e suas variáveis, encaminha ao método mais preciso e às técnicas mais adequadas, para a sua solução. Desta forma, muitas vezes, o pesquisador adota, no mesmo estudo, dois ou mais procedimentos metodológicos.

A Técnica é constituída do conjunto de ferramentas, com que o pesquisador contará para coleta de dados.

Quando se vai determinar a técnica da pesquisa, duas variáveis são mais importantes nesta ação: o Tempo e o Custo. Além de estarem relacionadas ao método as Técnicas são meios de operacionalizar o próprio Método. Repare: se a Pesquisa é Bibliográfica, será usada a técnica de pesquisa bibliográfica; se a Pesquisa é de Levantamento, será usado um questionário ou um formulário.

6.3.8.2 Tipologias de Pesquisa

O caminho metodológico a ser seguido pelo pesquisador depende, em especial, do problema elaborado, das hipóteses construídas com base em sua prática, experiência de vida e profissional e das leituras realizadas sobre o tema escolhido.

A classificação de uma pesquisa requer atenção, com relação a dois focos. Quanto aos objetivos, o pesquisador deve se perguntar: com que finalidade pretende realizar tal investigação científica? Em relação aos procedimentos, o pesquisador deve se indagar: **quais são os meios que preciso, para buscar os dados que tragam soluções para o problema em estudo?**

I – Classificação das pesquisas, quanto aos objetivos:

Os três tipos de pesquisas são:

A) Pesquisa Exploratória – O objetivo é aprofundar conhecimentos a respeito de determinado tema já conhecido ou construir mais proximidades com o problema em estudo, para gerar ainda mais conhecimentos.

B) Pesquisa Descritiva – O estudo se limitará à análise de características pertinentes a determinada população. Nesse caso, o estudo será realizado por meio de amostragens.

C) Pesquisa Explicativa– As relações entre as variáveis estudadas e seus efeitos é a determinação do pesquisador, pois busca conhecer as reações de suas intervenções no fenômeno, por meio da experimentação.

II - Classificação das pesquisas, quanto aos Procedimentos:

Segundo Gil (2002), são nove os tipos de pesquisa mais usuais:

a) Pesquisa Bibliográfica – O pesquisador encontra os dados que lhe são necessários em trabalhos publicados e, portanto, de acesso aos estudiosos.

A pesquisa bibliográfica assume características de levantamento teórico preliminar à ação da investigação, tornando-se tal procedimento indispensável ao pesquisador para compreensão e delimitação de seus estudos.

b) Pesquisa Documental – O acesso a material ainda não analisado irá permitir ao pesquisador imprimir leitura e análise pessoal, de forma bem específica e relacionada a um conjunto de dados relacionado ao objeto em estudo. Consideram-se documentos: relatórios, mapas, relatos de procedimentos, cartas, ofícios, vídeos e outros registros escritos ou não.

c) Pesquisa Ex-post-facto – O pesquisador devido ao conhecimento do problema e sua constante ocorrência, passa a estudá-lo, de forma a criar uma previsão para o fenômeno investigado.

d) Pesquisa de Levantamento – O pesquisador, busca coletar dados, por meio de instrumentos de pesquisa, como formulários, questionário, fichas, entrevistas, enquetes, etc., de forma que a análise revele conhecimento sobre uma amostra ou coletividade.

O questionamento dos elementos de uma população ocorre, de forma direta, através de questionário, formulário e/ ou entrevista. Quase sempre a população é representada por uma amostra.

Atualmente, devido à dinâmica do conhecimento e do tempo, usa-se a aplicação de instrumentos de pesquisa, para coletar dados, via Internet, ou por e-mails, por sites, blogs e outras formas da tecnologia da informação e da comunicação.

A pesquisa de Levantamento é muito usada em pesquisas mercadológicas, pela sua rapidez de resposta e facilidade de conhecimento de uma população.

e) <u>Estudo de Caso</u> – As características observadas pelo pesquisador apontam que "aquela unidade" sugere a realização de uma análise mais substancial e profunda sobre determinada ótica. Tal unidade pode ser uma empresa, um grupo organizado, uma área de uma organização.

f) <u>Pesquisa Participante</u> – O pesquisador na busca de possíveis soluções para problemas de determinada comunidade, é elemento atuante, não interferindo no universo pesquisado, apenas acompanhando e registrando os seus acontecimentos. Não modifica e nem age sobre o fenômeno.

g) <u>Pesquisa Ação</u> – O pesquisador se envolve à comunidade em estudo, interagindo com ela e interferindo sobre ela, de sorte a resolver o problema existente. Há a intervenção no fenômeno estudado. Num tom investigativo como agente e não como mero espectador, o pesquisador oferece saídas, visualizadas por ele, após sua análise, que poderão levar a positivos resultados.

h) <u>Pesquisa Experimental</u> – A investigação científica requer intervenção direta do pesquisador em relação às variáveis estudadas. Não como um todo, mas em suas partes. Trata-se de pesquisa laboratorial de experimentação e reação.

A manipulação das variáveis em estudo permite ao pesquisador realizar estudos comparativos, avaliar resultados enquanto o experimento ainda está em processo.

i) Pesquisa de Coorte – Possui o nome de seu criador. Está relacionada a um estudo, sobretudo, comparativo e evolutivo, entre os mesmos fenômenos ou objetos de estudo ou sobre o mesmo, tendo em vista uma relação temporal ou circunstancial. É muito usado como estudo de evolução de processos, de desenvolvimento, de estratégias, etc.

As tipologias de pesquisa, quanto aos objetivos da investigação científica, não são excludentes: pode-se articular um ou mais métodos e técnicas para realizar a pesquisa.

A análise dos dados coletados pode assumir uma abordagem quantitativa e/ou qualitativa, tudo dependendo da natureza das variáveis identificadas especialmente no problema estudado

III) Técnicas de pesquisa – os instrumentos de pesquisamais utilizados são: Questionário, Formulário e Entrevista. (LAKATOS; MARCONE, 2005),

a) Questionário

É comumente confundido com entrevista, teste, formulário, inquérito e escala.

Tecnicamente, Questionário é uma investigação composta por um número mais ou menos elevado de questões, por escrito, a pessoas que têm por objetivo propiciar determinado conhecimento ao pesquisador.

A Entrevista se distingue do questionário, porque suas respostas são feitas de maneira oral.

O Formulário é diferente da Entrevista, pois ele pode ser qualquer impresso com campos próprios para anotação de dados, não importando a razão por que são preenchidos os dados.

O Teste tem por objetivo incentivar determinadas reações por meios de perguntas.

As Enquetes tratam de reunir testemunhos de pessoas sobre determinados assuntos.

- Vantagens do Questionário:

– Possibilita atingir grande número de pessoas de diversas localizações geográficas, com baixo custo;
– Garante o anonimato das respostas;
– Permite que as pessoas o respondam no momento que lhes pareça mais apropriado;
– Não expõe os pesquisados à influência do pesquisador;
– Obtém respostas mais rápidas e precisas;
– Há mais uniformidade na avaliação, em virtude da natureza impessoal do Instrumento;
– Obtém respostas que materialmente seriam inacessíveis;
– Há mais segurança, pois as respostas não são identificadas;
– Economiza pessoal tanto em treinamento quanto em atividade de campo;
– Economiza tempo, viagens e obtém grande número de dados.

- Limites do Questionário:

– Impede o auxílio ao pesquisado, quando este não entende determinada pergunta;
– Impede o conhecimento das circunstâncias em que o questionário foi respondido;
– Não oferece garantia de que a maioria das pessoas devolvam-no preenchido completamente;

– Envolve geralmente um número pequeno de perguntas;
– Proporciona resultados bastante críticos em relação à objetividade;
– A devolução tardia prejudica o calendário da pesquisa;
– Exige um universo mais homogêneo;
– Na leitura de todas as perguntas, antes de respondê-las, pode uma questão influenciar a outra.

• Construção do Questionário

A construção do questionário terá grande influência nos resultados que serão obtidos; por isso, são importantes alguns cuidados.

O pesquisador deve conhecer bem o assunto, para poder dividi-lo, organizando uma lista em 10 a 12 temas e deles extrair duas ou três perguntas. Ao mesmo tempo, esses temas escolhidos devem estar de acordo com os objetivos geral e específicos da pesquisa.

O Questionário deve ser limitado em extensão e finalidade, pois, se for muito amplo, causa cansaço e desinteresse; se muito breve, pode não oferecer suficientes informações. Recomenda-se que tenha de 20 a 30 questões, a ser realizado em cerca de 30 minutos, dependendo do tipo de pesquisa.

O questionário deve identificar a instituição responsável pela pesquisa.

Deve conter instruções bem-definidas e notas explicativas, para que o informante saiba o que se deseja dele. Além disso, deve-se motivá-lo à resposta, por meio da apresentação da justificativa da pesquisa, de forma a assumir diante do instrumento responsabilidade, vontade de colaborar e conter veracidade nas declarações.

O aspecto material e estético é importante. Devem ser observados: tamanho, tipo de fonte, facilidade de manipulação, espaço suficiente para respostas, e boa tabulação dos dados na folha.

• A forma das perguntas:

As perguntas podem ser classificadas quanto a sua forma como:

Perguntas Abertas ou Livres

O interrogado responde "com suas próprias palavras" e, por isso, são mais difíceis de tabular e analisar.

IMPORTANTE: Para a tabulação de perguntas abertas, primeiro, transformam-se as perguntas em fechadas, criando itens mais frequentes nas respostas. A partir daí, se tabulam os dados.

Perguntas Fechadas

Englobam todo tipo de respostas possíveis, sendo mais fáceis de tabulação.

Perguntas Duplas

Reúne as características tanto de perguntas abertas quanto fechadas.

Perguntas Múltipla escolha

São fechadas, mas apresentam uma série de possíveis respostas, sobre várias faces do mesmo assunto.

• Escolha das perguntas

Algumas regras devem ser obedecidas para a escolha das perguntas:

– Incluir apenas perguntas relacionadas ao problema pesquisado;

– Não incluir perguntas, cujas respostas podem ser obtidas por meios mais precisos;

– Considerar as implicações das perguntas sobre os procedimentos de tabulação e análise;

– Incluir perguntas que podem ser respondidas sem maiores dificuldades;

– Evitar perguntas que penetrem na intimidade das pessoas.

• Formulação das Perguntas

É necessário um cuidado especial na elaboração das perguntas. A seguir algumas sugestões:

– Formuladas de maneira clara, concreta e precisa;

– Considerar o sistema de referência, vocabulário e de informação do interrogado;

– A pergunta deve possibilitar única interpretação;

– A pergunta não deve sugerir respostas, ou seja, não deve ser indutiva;

– As perguntas devem tratar de uma única ideia.

• Número de perguntas

Para se definir o número adequado de perguntas é necessário considerar o interesse do respondente pelo tema pesquisado.

Alguns estudiosos sugerem como máximo o número de 30 perguntas.

• Ordem das perguntas

Na elaboração da ordem das perguntas no questinário, deve ser evitado que a ordem das perguntas possa sugerir um contágio de respostas, ou seja, evitar que a resposta da pergunta anterior possa influir na resposta da pergunta posterior.

Também é importante evitar a mudança brusca de tema nas perguntas.

Segundo Lakatos; Marconi (2005), existem mecanismos de defesa social que os indivíduo utilizam para se proteger, quando se sentem ameaçados e que podem influir no momento de responder ao questionário. Isto chama-se <u>Deformações</u>. As principais são:

<u>Defesa de fachada</u>: quando o respondente pensa estar correndo o risco de ser julgado, reage oferecendo respostas defensivas, estereotipadas ou socialmente desejáveis, escondendo suas percepções reais. Para reduzir este efeito, recomenda-se iniciar o questionário com perguntas com baixo risco de provocar esse tipo de resposta.

<u>Defesa contra pergunta personalizada</u>: perguntas que iniciam com "Na sua opinião..." ou "O que você prensa a respeito de ..." ou outra semelhante pode causar respostas de fuga. Evita-se isto iniciando o questionário com este tipo de perguntas e utilizando maneiras indiretas para tratar de termos delicados.

<u>Deformação conservadora:</u> respostas conservadoras, resistentes à mudança. Previne-se essa deformidade moderando o tom das perguntas.

<u>Efeito das palavras estereotipadas:</u> ocorre, quando se usam palavras que provocam reações diversas nas pessoas. Previne-se, não as usando.

<u>Influência de personalidades de destaque:</u> quando se usam nomes de pessoas de destaque nos questionários, pode-se causar anomalias nas respostas, como reação a esses nomes. Previne-se não utilizar referência a pessoas que possam causar antipatia, desprezo ou outra reação.

Assim, a Estrutura do Questionário se resume em: Instruções de preenchimento; Introdução ao questionário e Perguntas.

Todo instrumento de pesquisa deve passar pela realização do <u>Pré-Teste</u>. Antes da aplicação à população alvo da pesquisa, o questionário precisa ser testado, aplicando-se alguns exemplares a uma pequena população escolhida. A Análise dos dados, após a tabulação, revelará possíveis falhas: ambiguidades, má formulação da questão, complexidade, entre outros itens.

Verificadas as falhas, devem-se reformular as questões. O Pré-teste pode ser aplicado mais de uma vez, até que o instrumento de pesquisa – Questionário – esteja ajustado.

IMPORTANTE – O Pré-teste deve ser aplicado à população com características da população a ser pesquisada, mas nunca naquela que será alvo do estudo.

O Pré-teste serve também para verificar se o questionário apresenta três importantes elementos:

Fidedignidade – qualquer pessoa que aplique, obterá sempre os mesmos resultados;

Validade – os dados recolhidos são necessários à pesquisa;

Operacionalidade – vocabulário acessível e significado claro.

b) Formulário

As vantagens e as características são próximas do Questionário.

A construção de propostas de Formulário (fechadas ou abertas), redigidas sempre com clareza e precisão no vocabulário empregado, extensão e necessidade de tempo, para sua execução, traz alguns itens a serem observados com cautela na sua montagem.

A diferença entre o Formulário e o Questionário, efetivamente, refere-se à forma de aplicação. Assim, no Formulário, o respondente recebe a orientação do pesquisador para cada item em que é solicitado a responder. Também, a ordem lógica das perguntas mais simples para as mais complexas, das mais gerais para as mais específicas.

Contudo, as formas gráficas são idênticas nos dois instrumentos de coleta de dados.

c) Entrevista

A Entrevista é o instrumento que oferece ao pesquisador contato direto com os integrantes da população alvo da pesquisa.

A Entrevista utilizada com mais frequência nas investigações científicas, quando o foco é mais qualitativo, em que as declarações do entrevistado trazem informações fundamentais para os resultados da pesquisa.

Segundo Lakatos e Marconi (2005), a Entrevista pode ser de três tipos:

Entrevista Livre – o entrevistado discorre como quiser sobre o assunto;

Entrevista Estruturada – o entrevistado responde às perguntas específicas, formuladas pelo entrevistador;

Entrevista Semiestruturada – o entrevistado assume discurso livre, orientado por algumas perguntas-chave, por meio de um roteiro.

Segundo Triviños (2000), a Entrevista Semiestruturada oferece todas as perspectivas possíveis, para que o entrevistado alcance a liberdade e a espontaneidade necessárias à eficácia da informação, além de valorizar a presença do investigador-entrevistador. Segundo o autor, é importante a consulta prévia ao referencial teórico sobre o tema, para que as questões sejam formuladas nos focos fundamentais desejados, e as perguntas sejam focadas não só na teoria, mas na prática e experiências do entrevistado, bem como suas escolhas nas respostas. Assim, este tipo de Entrevista possui dois momentos em sua elaboração: a busca do conhecimento prévio sobre o tema e a área de atividade do entrevistado e a montagem de um roteiro.

Ainda, devem-se apontar três vantagens inequívocas da Entrevista, como instrumento de pesquisa para a coleta de dados, são elas:

a) A Entrevista possibilita a obtenção de dados referentes aos mais diversos aspectos da vida social;
b) A Entrevista é uma técnica muito eficiente para a obtenção de dados em profundidade sobre o comportamento humano;
c) Os dados obtidos são suscetíveis de classificação e de quantificação (GIL, 2002).

6.3.9 Cronograma

Pressupõe a relação ação x tempo, considerados na análise do planejamento, calculado em previsões para o bom andamento da pesquisa.

Afirma Gil (2002): "o projeto deve esclarecer sobre o tempo necessário ao desenvolvimento da pesquisa. Convém que seja indicado o tempo correspondente a cada uma das etapas da pesquisa".

A pesquisa reúne os procedimentos racionais, sistemáticos e cronológicos de suas etapas, assim, é preciso estabelecer, dentro do tempo disponível, a duração esperada para cada uma das suas etapas.

Obs.: O Cronograma é utilizado como instrumento de acompanhamento de etapas, por órgãos de fomento à pesquisa, quando realizam o financiamento de projetos.

6.3.10 Custos

Envolvem disponibilidade financeira pessoal e material para a execução do projeto. Em projeto acadêmico, não é comum considerar, a não ser nos financiados por órgãos de fomento ou por instituições de ensino.

6.3.11 Bibliografia

Apresenta a consulta de acervo utilizada pelo pesquisador, desde as primeiras leituras até a finalização do projeto. Diferente das Referências, na bibliografia do Projeto, as fontes de leitura serão colocadas, mesmo não utilizadas no corpo do Projeto, mas que tenham auxiliado na sua confecção.

Segundo as normas da ABNT (2000): "as referências são alinhadas somente à margem esquerda e de forma a se identificar individualmente cada documento".

Quando houver entre as fontes coletadas endereços eletrônicos, passam a se chamar de apenas Web-Bibliografia, já que os sites e demais locais da *web* não constituem material bibliográfico.

Cabe, inicialmente, distinguir Bibliografia de Referenciais Bibliográficas e Referências. A ABNT, em setembro de 2002, criou a nomenclatura Referência, tendo em vista a utilização de fontes da Internet, em endereços eletrônicos.

A Bibliografia é o uso do acervo coletado de fontes, sem a manipulação do pesquisador, pois ainda não se desenvolveu a coleta de dados definitiva (usada em Projetos). Já as Referências Bibliográficas e Referências são o acervo manipulado pelo pesquisador para construir a base teórica da pesquisa. Assim, o critério de distinção está na forma de uso.

Quando houver a utilização de fontes eletrônicas, endereços da *web*, passa a se chamar Referências, mesmo que contenha alguns livros e outros materiais bibliográficos. Ao passo que, se só forem informadas as fontes bibliográficas, chamar-se-á Referências Bibliográficas.

Referências Bibliográficas e Referências são o conjunto de fontes que permitem a identificação, no todo ou em parte, de documentos impressos ou registrados em diversos tipos de materiais. As Referências Bibliográficas são apresentadas em forma de listagem, em ordem alfabética, apenas identificando aquelas que foram citadas e utilizadas no corpo do texto.

A Norma ABNT/NBR 6023 estabelece os elementos a serem incluídos em referências; fixa a ordem dos elementos das referências e estabelece convenções para transcrição e apresentação da informação originada do documento e/outras fontes de informação. Também orienta a preparação e compilação de referências de material, utilizados para a produção de documentos e para inclusão em bibliografias.

Assim, em resumo, tem-se a seguinte distinção:

Bibliografia – é o acervo bibliográfico sem manipulação (Projetos);

Web-Bibliografia – é a parte do acervo em endereço eletrônico (Projetos)

Referência Bibliográfica – é o acervo com manipulação pessoal das obras, através de fichamentos e citações (Relatórios de Pesquisa, Monografia, Artigos, Resenhas, Teses, Dissertações, entre outros).

Referências – o acervo, quando houver a citação de endereços eletrônicos, nos trabalhos acima citados.

6.3.12 Como produzir a Bibliografia e Referências Bibliográficas ou Referências

Há várias formas de citação que as Normas da ABNT propõem. Aqui serão apresentadas formas usuais de que se valem os projetos e trabalhos acadêmicos científicos.

6.3.12.1 Autor pessoa física:

I. Livros, folhetos, separatas, dissertações, etc.

II. Quando o (s) autor (es) for (em) pessoa física, registra-se o sobrenome do autor, seguido dos prenomes. Em caso de 2 ou mais autores, relacionam-se um após o outro, na ordem em que aparecem na publicação. Separa (m) – se o (s) do (s) autor (es) de título por ponto. O título vem em itálico, sublinhado ou negrito e seguido de um ponto. Segue-se a edição (só a partir da 2ª edição). Logo após aparecem as notas tipográficas: local: seguido de editora, e ano da publicação.

CHIAVENATO, Idalberto. *Construção de talentos*. 7. ed. Rio de Janeiro: Campus, 2005. 232 p.

a) No caso de 2 autores, (item a) mencionam-se todos.

b) No caso de mais de 3 autores (item b)), referencia-se o primeiro (pode referenciar 1, 2 ou 3), seguido da expressão latina et ali (e outros). Exemplos:

a) CORRÊA, Rossi Augusta Alves; MARQUESINE, Ana Maria B. Gaffi. *Impacto das novas políticas governamentais na imagem do governo*. Rio de Janeiro: FGV, 2000. 38 p.
b) MACHLINE, Cláudio et ali. *Manual de administração da produção*. 2. ed. Rio de Janeiro: FGV, 2002. 2V.

6.3.12.2 Quando o autor for entidade jurídica coletiva:

– Se for órgão administrativo, seu nome é antecipado pelo nome da respectiva unidade geográfica (em português). Ex.: BRASIL, Secretaria de Planejamento. *Programa de Ação Governamental. 1987 – 1991.* Brasília: 1987. 30 p.

– No caso de órgão subordinado ou divisão administrativa de outro órgão, seu nome é precedido pelo órgão superior.

FUNDAÇÃO GETÚLIO VARGAS, Instituto Brasileiro de Economia. Divisão de Estatística e Econometria. Centro de Estudo Agrícola. *Estado do Ceará. Características econômicas das exportações agrícolas.* 1969. Rio de Janeiro: IBRE FGV, 1978 p.

6.3.12.3 Parte de obras:

– Sem autoria própria.

Autor. Título. Edição. Local: editor, ano. Localização da parte referenciada.

SOARES, Fernando; BURLAMAQUI, Carlos Kopke. *Pesquisas brasileiras, 1 e 2 graus.* São Paulo: Formar, 1972. V. S: Dados estatísticos, microrregiões.

– Com autoria própria.

Autor (e) da parte. Título da parte. In: autor da obra. Título da obra. Local: editor. Ano. N° de páginas.

ORLANDO FILHO, José & LIME, Edson José de A. Utilização agrícola dos resídios da agroindústria canavieira. In: *Simpósio Sobre Fertilizantes Na Agricultura Brasileira,* 1984. Brasília: EMBRAPA, Departamento do Estudo e Pesquisas, 1984, 642 p.

6.3.12.4 Seriados (revistas, jornais)

Título da revista, Título do fascículo. (suprimento de n° especial, se houver). Local: editor, volume, número, data n° total das páginas do fascículo:

CONJUNTURA ECONÔMICA: As 500 maiores empresas do Brasil. Rio de Janeiro: FGV, v. 38, n. 9, set 2000. 135 p. Ed. Especial.

6.3.12.5 Artigo em Revistas e Jornais

– Com autor:

Artigo de revista:

Autor do artigo. Título. *Nome de revista.* Local, v., n., p., data.

MOTTA, Paulo Roberto. Modernização administrativa: propostas alternativas para o Estado Latino-Americano. *Revista de Administração Pública.* Rio de Janeiro. V. 21, n. 4, p. 31 – 61, out./dez. 1999.

Artigo de jornal:

Autor. Titulo.*Nome do jornal.* Local, data. Caderno, página

BOCLIN, Roberto Guimarães. Investimento ou encargo social. *O Globo,* Rio de Janeiro, 6 mar. 2004,1 caderno, p. 6.

– Sem autor

Artigo de revista:

Título do artigo (1ª palavra em maiúsculas). *Nome da revista,* local, v., n., p., data.

O FUTURO da Universidade. *Revista Acadêmica.* Porto Alegre, v. 2, n. 5, p. 40 – 48, maio/junho 1970.

Artigo de jornal:

Título (1ª palavra maiúsculas). *Nome do jornal*, local, página, caderno.

REAL, reduzirá ganhos dos fundos. *Jornal do Brasil.* Rio de Janeiro, 5 mar. 1994. p. 5, caderno Negócios & Finanças.

6.3.12.6 Dissertações, teses, etc.

Autor. *Título.* Dissertações de Mestrado (ou Doutorado) em ... (área). Instituto ou Departamento. Nome da Universidade. Ano.

BITTENCOURT, Paula Varques. *Comportamento financeiro e margens de lucro de empresas, 1978/1985*. Dissertação de mestrado em Economia. Departamento de Economia. PUC. 1988.

Em obras traduzidas, indica-se título original entre colchetes, após o título traduzido, quando ele for mencionado na obra.

HAMPTON, David. *Administração contemporânea.* [Contepo-raty management] Trad. Lauro Santos Blandy, Antonio C.A – maru Maximiniano. 2.ed. São Paulo: McGraw do Brasil, 2001.

6.3.12.7 Obras consultadas na Internet

Para textos consultados na Internet, deve ser citado o endereço eletrônico, entre os sinais < e >, e mencionada a data de acesso. Note-se que não é conveniente citar material que fique disponível na rede por pouco tempo:

BOLETIM DO BANCO CENTRAL DO BRASIL. 37(9), set. 2001. Quadros Estatísticos – Setembro/2001. Disponível em: <http://www.bcb.gov.br>. Acesso em: 2 out. 2001.

IPEA – INSTITUTO DE PESQUISA ECONÔMICA APLICADA. Sinopse Macroeconômica IPEADATA. Disponível em: <http://www.ipeadata.gov.br>. Acesso em: 25 ago. 2001.

Verifique-se que nem sempre é possível identificar uma data que equivaleria à data de publicação (necessária para citação do documento no texto, como se viu). Nesse caso, a data de acesso poderá ser usada; no segundo exemplo acima, a referência no texto seria: IPEA (2001).

PARTE 3

TRABALHOS CIENTÍFICOS E ACADÊMICOS: O TRABALHO DE CONCLUSÃO DE CURSO

O trabalho acadêmico, em qualquer modalidade que seja, exige alguns cuidados que devem ser visualizados anteriormente a sua produção. Com isso, é preciso atenção com alguns aspectos.

Capítulo 7

A BOA REDAÇÃO DO TRABALHO CIENTÍFICO E ACADÊMICO

Para quem deseja realizar um bom trabalho, seja qual for a modalidade ou tipo, é preciso que possua boa redação. São muitas as qualidades de um bom texto, mas há aquela que engloba todas as outras: a clareza naquilo que se escreve.

O objetivo de quem escreve um trabalho acadêmico é sempre transmitir seu pensamento a alguém; busca-se convencer de algo que se afirma em um artigo, monografia ou pesquisa de campo, trazendo à luz uma evidência ou um argumento novo e relevante, que realmente comprove as ideias que se deseja. Desta forma, a clareza é, portanto, o atributo fundamental de um texto, no qual todas as normas e regras devem se subordinar.

A clareza deve ser a preocupação maior de quem escreve academicamente, cabe também notar que se trata de uma maximização condicionada: uma redação clara não pode ser obtida pela simplificação excessiva, nem pelo estilo rebuscado, com palavras nobres e difíceis de compreensão, é preciso uma boa e completa exposição dos elementos, em que se baseiam os argumentos apresentados, ou os resultados obtidos. É essência de um trabalho acadêmico o cuidado em fundamentar a argumentação e as conclusões, por meio de referências frequentes à literatura da área estudada, a dados estatísticos ou outro tipo de evidência. Por outro lado, um trabalho carregado de citações, cheio de notas, referências, tabelas, quadros ou figuras, é, em geral, de leitura menos cômoda, e pode ser, nesse sentido, menos claro do que um texto mais direto.

É necessário conciliar dois objetivos: um trabalho acadêmico bem redigido deve ser claro, na exposição de sua argumentação; como completo, na fundamentação dos argumentos desenvolvidos e de suas conclusões. Cabe ao autor procurar estabelecer o equilíbrio entre os dois.

Um texto claro procura evitar erros comuns na gramática da língua e incorreções no sentido das palavras. Ao mesmo tempo, deve ser bem estruturado e desenvolvido, com sua argumentação de forma organizada, com citações de forma completa e relacionadas às referências consultadas e à literatura da área estudada, bem como as fontes de dados. Por fim, deve obedecer às normas técnicas de apresentação, vinculadas à ABNT.

7.1 ALGUMAS QUALIDADES DE ESTILO QUE O TEXTO DEVE CUMPRIR

São várias as qualidades necessárias para se alcançar a realização de um bom trabalho acadêmico, entre ela:

a) Unidade e concisão – Uma só ideia predominante e direto. Não desenvolver mais de um tema no trabalho.

b) Coerência – Relação entre essa ideia predominante e as secundárias, bem como adequar o vocabulário ao contexto acadêmico. Relação entre ideias e seus argumentos, com a finalidade de comprovar e expor a verdade. A escolha das palavras no texto acadêmico precisa estar adequada ao contexto acadêmico.

c) Coesão – Encadeamento de ideias em sequência lógica e sem repetição de palavras. Criação do nexo lógico do texto.

d) Objetividade e Clareza – Transmissão completa da ideia; comunicação imediata sem redundâncias. Direcionamento e precisão na escolha de palavras e na construção da frase.

Além das Qualidades propostas acima, é preciso ter cuidado com os aspectos da forma da Língua Portuguesa. Ao final da produção de qualquer produto acadêmico-científico, deve-se proceder a **Revisão do texto**, observando os aspectos de estilo, principalmente, a sequência lógica das ideias e a correção gramatical.

Aí vão algumas recomendações para serem levadas em conta na produção do texto acadêmico:

a) Estratégias para tornar o texto mais conciso:

– Modificar a redação, tornando-a mais direta.
– Eliminar termos desnecessários.
– Empregar termos menores.
– Evitar repetição de palavras.

Veja um exemplo:

Diz o texto: "a cada dia que passa a tecnologia avança...."

Texto revisto: Dia a dia a tecnologia avança...(fala-se o mesmo com menos palavras e de forma mais objetiva).

b) Estratégias para manter a Coerência e a Coesão:

– Tautologia (dizer o mesmo duas vezes, com palavras diferentes).

– Circunlóquio (substituição de uma expressão, por apenas uma palavra, sem que haja perda de significado).

– Adjetivos desnecessários.

– Advérbios desnecessários.

– Linguagem pessoal.

Veja dois exemplos:

Diz o texto: " Ambos os dois conceitos estão relacionados à Logística...".

Texto revisto: Os dois conceitos estão relacionados à Logística...

Ambos = dois (houve aqui uma Tautologia)

Diz o texto: "... uma enxurrada de questões é levantada, mas a certeza existe: os trabalhadores bem adestrados, são mais bem aproveitados no mercado de trabalho".

Texto revisto: ...um conjunto de questões é apresentado, mas a certeza existe: os trabalhados bem treinados são mais bem aproveitados no mercado de trabalho.

Enxurrada é de água, chuva.

Levantada é palavra figurada; então, é apresentada.

Adestrados são os animais; seres humanos são treinados.

c) Outros aspectos a serem cuidados:

– Utilizar sinônimos, para evitar repetição de palavras.

– Não construir parágrafos muito longos.

– Padronizar, quando houver diferentes opções.

– Evitar o uso de termo estrangeiro, quando houver o correspondente em português. Caso seja inevitável, colocá-los em itálico.

– Evitar cacofonia (palavras combinadas, entre si, que tragam má sonoridade e duplo sentido).

– Evitar rimas.

– Evitar o uso de termos desconhecidos ou requintados (pouco empregados).

– Evitar voz passiva e hipérbatos (inversões).

– Cuidado com a pontuação, pois ela muda o significado do texto.

Veja um exemplo:

Diz o texto: "Na Gestão de Pessoas, baseiam-se os dois conceitos para, de forma relacional e pragmática, se tornar viáveis em seus atributos semânticos....".

Revisto o texto: Os dois conceitos de forma racional e prática se tornam alcançáveis no seu sentido, quando aplicados à Gestão de Pessoas.

(Repare que as inversões anteriores, somadas ao vocabulário, fizeram o texto perder a clareza)

d) Recomendações finais sobre a redação, segundo Squarisi e Salvador (2004):

– Prefira as frases curtas.

– Escolha palavras curtas e simples.

– Ponha as sentenças na forma positiva.

– Opte pela voz ativa.

– Escolha termos específicos.

– Use as palavras concretas.

– Restrinja a entrada de adjetivos.

– Prefira frases com o menor número de palavras.

– Seja conciso.

– Busque produzir a frase harmoniosa.
– Seja claro.
– Teste a legibilidade do texto.

7.2 CARACTERÍSTICAS DA LINGUAGEM DO TRABALHO ACADÊMICO

Pelo que foi dito até aqui, a linguagem do trabalho academico não foge dos cuidados normais da produção de qualquer texto; contudo, recomendam-se observar os seguintes aspectos:

– A linguagem do Projeto ou de Relatos de pesquisa é sempre impessoal: usa-se a 3ª pessoa verbal como parâmetro de estilo. Veja as frases:

Pensamos que o autor foi bem claro ao expor seu pensamento, nós conseguimos compreendê-lo em suas ideias. (Linguagem Pessoal – não se usa).

Pensa-se que o autor foi bem claro ao expor seu pensamento. Consegue-se compreendê-lo em suas ideias. (Linguagem Impessoal – é a usual).

– A objetividade e a clareza na apresentação das ideias são fundamentais; por isso, usar a ordem direta na construção da frase e fazer a escolha certa das palavras que expressem mais precisamente aquilo que se deseja transmitir, torna-se fundamental;

– A palavra deve ser usada em seu valor denotativo, literal, sem duplo sentido e sem linguagem figurada;

– Usa-se a técnica de Resenha: texto crítico e parcial, elaborado de forma intertextual, utilizando a palavra alheia (ou as ideias de autores e outras fontes) para comprovar tudo aquilo que se afirma. A boa argumentação das ideias apresentadas é uma qualidade no texto acadêmico-científico;

– O texto deve ser apresentado de forma lógica, sequencial e cronológica: a apresentação das partes que constituem o trabalho deve obedecer aos critérios lógicos;

– Não se pode apropriar da palavra de terceiros, pois constitui plágio. Deve-se guardar o cuidado em não fazer cópias do texto de livros e outras fontes, sem se respeitarem as técnicas de citação (ABNT 10520, 2002);

– Qualquer palavra em língua estrangeira é escrita em itálico;

– Em artigos e resenhas, os títulos e subtítulos possuem o texto subsequente, não há espaço.

– Ênfase – Deve ser dada somente aos pontos principais, para que esses possam ser destacados dos pormenores de sustentação.

– Linguagem Técnica – Cada ciência possui uma terminologia técnica específica; não deve o pesquisador ignorá-la, mas seu emprego deve ser condicionado ao pleno conhecimento da mesma, sem excessos e de forma compreensível.

Além das qualidades de estilos apresentadas, o autor deve se preocupar com o aprimoramento da expressão escrita, a saber:

a) Dê ao seu trabalho um título apropriado, informativo e persuasivo que, ao mesmo tempo, possua lógica com o texto apresentado e envolva o verdadeiro foco do tema; mas também que motive o leitor a se interessar por ler o trabalho.

b) A ordem dos parágrafos deve ser logicamente seguida.

c) Após o título do capítulo, segue-se um parágrafo introdutório que proporciona ao leitor uma avaliação prévia do que é abordado no capítulo. Não se deve entrar nas divisões do tema, sem antes explicar como irão ocorrer.

d) O último parágrafo expressa a conclusão do exposto no capítulo e sugere o próximo tema que se irá tratar.

e) Procure escrever sem interrupções, evitando cortar o fluxo de ideias. Recomenda-se a revisão após a conclusão de cada capítulo e ao fim do trabalho.

f) Mesmo havendo temas iguais em desenvolvimento, por alunos ou grupos diferentes, cada trabalho terá uma estrutura diferenciada, já que não serão escolhidos os mesmos tópicos, desenvolvidos os temas do mesmo modo, (mesmas delimitações), efetuadas as mesmas críticas ou atingidas as mesmas conclusões.

g) Forneça sempre provas daquilo que afirma; vá buscar evidências que fundamentem sua visão (citações, declarações, fatos, pesquisas, dados estatísticos, entre outras).

h) As palavras, expressões ou nomes, que forem abreviados, devem ser apresentados por extenso, seguido de abreviatura entre parênteses, na primeira vez em que forem usados. A partir daí, podem-se usar apenas as abreviaturas ou Siglas.

Capítulo 8

NORMAS GERAIS PARA APRESENTAÇÃO DE CITAÇÃO (ABNT 10520)

A Citação é um trecho de uma informação no texto, colhida em documentos de outros autores pesquisados. A sua função consiste em comprovar a ideia do autor no decorrer do trabalho e/ou da pesquisa. Possui a finalidade de exemplificar, esclarecer, confirmar, documentar, ilustrar e sustentar posições de quem escreve no texto.

As Citações são fragmentos de obras de outros autores, com juízo de autoridade, inseridos ao longo do texto acadêmico-científico, conferindo maior confiabilidade ao trabalho, comprovando ou complementando aquilo que se deseja provar.

As Citações podem ser: diretas (uso das palavras literais de um autor) ou indiretas (interpretação das ideias de um autor).

As Citações Diretas consistem em uma transcrição exata de parte da obra do autor consultado. É reproduzida entre aspas duplas exatamente como consta do original, acompanhada de informações sobre a fonte. (Ano de publicação e página.)

Quando até três linhas, são inseridas no texto, entre aspas. Como no exemplo: Como afirma Gil (2002): "Projeto é a 1ª etapa de qualquer pesquisa".

Quando as Citações Diretas possuírem mais de três linhas, devem constituir um parágrafo independente, com recuo a 4 cm da margem esquerda, com tamanho de letra menor do que o utilizado no texto e com o espaçamento simples entre linhas, dispensando as aspas, nesse caso. Assim, cria-se um parágrafo recuado, como bloco de citação. Da mesma forma, deve-se identificar o último nome do autor, em caixa alta, seguido de ano e página da publicação. Como no exemplo abaixo:

> O projeto, como planejamento da pesquisa, deve esclarecer acerca do tempo necessário ao seu desenvolvimento, como forma de previsão. Convém que seja indicado o tempo correspondente a cada uma das fases da pesquisa, mesmo que elas sofram alterações contingenciais. (Gil, 2002, p.148.)

As Citações Indiretas consistem no uso de texto baseado na obra de um autor consultado. Conhecida também como citação em síntese, são livres de aspas, devendo traduzir com fidelidade o sentido do texto original. Como acontece no exemplo abaixo:

Segundo Gil (2002) toda pesquisa cumpre uma finalidade, necessita de um modelo de estudo para ser executada com cientificidade e requer que os dados coletados sejam abordados tecnicamente de maneira correta.

Quando o autor da citação não é citado no corpo do texto, mas são transcritas as ideias por quem escreve, é preciso identificá-lo ao final, como no exemplo:

Toda pesquisa cumpre uma finalidade, necessita de um modelo de estudo para ser executada com cientificidade e requer que os dados coletados sejam abordados tecnicamente de maneira correta (GIL, 2002).

8.1 CITAÇÃO DE CITAÇÃO

É a transcrição de uma citação existente em uma obra consultada. Só deverá ser feita, quando for impossível consultar a obra que contém o texto original da citação e deve ser destacada por aspas simples.

No texto: Citar o sobrenome do autor do documento não consultado, seguido das expressões: citado por *apud,* conforme ou segundo, e o sobrenome do autor do documento efetivamente consultado. Como se vê no exemplo abaixo, é necessária a nota (no final do trabalho ou no rodapé) sempre que ocorra.

Marinho[1] (citado por Marconi e Lakatos, 2005), apresenta a formulação do problema como uma fase de pesquisa que, sendo bem delimitado, simplifica e facilita a maneira de conduzir a investigação.

Em nota: Mencionar os dados do documento original.

[1]MARINHO, Pedro. *A pesquisa em ciências humanas*. Petrópolis: Vozes, 1990

As Citações devem localizar-se no texto (autor-data)ou em notas de rodapé (com distinção numérica)

OBS.: Constitui plágio a apropriação de ideias e palavras de textos alheios, sem a indicação do autor e da fonte, de onde foi retirada a informação referenciada. Sugere-se a utilização de documentos de Reponsabilidade sobre plágios e cópias (Anexo 6).

8.2 OUTRAS FORMAS DE CITAÇÃO

Há outras formas de Citação, as quais se devem também conhecer:

ibidem ou *ibid* – na mesma obra

Indica que a obra citada é a mesma da citação mencionada anteriormente. Neste caso, não se utiliza o sobrenome do autor seguido do ano entre parênteses, e sim a expressão *ibid*, seguida do número da página referente à citação, quando não for a mesma.

Ex.: (*ibid*); (*ibid*. p. 18)

idem ou *id* – o mesmo autor

Indica que a citação é referente a outra obra do autor imediata e anteriormente citado. Neste caso, indica-se o ano da publicação e a respectiva página.

Ex.:(*idem*. 2000, p.13)

8.3 BREVES DIRETRIZES PARA LEITURA, ANÁLISE E INTERPRETAÇÃO DE TEXTOS E DADOS PARA SEREM USADOS NO RELATO

Uma das dificuldades dos estudantes na produção de relatos acadêmicos de pesquisa é a leitura e a interpretação de textos de forma conveniente e aceitável. De um modo geral, as pessoas leem ligeiramente um texto e imediatamente lançam as interpretações que, muitas vezes, refletem somente o que a pessoa pretende interpretar ou o que sabe sobre o assunto tratado e não aquilo que o autor disse naquele texto específico. Ler e interpretar são atividades importantes e imprescindíveis para aquele que pretende se iniciar nas ciências.

O texto pode ser entendido como um documento, um trecho de uma obra, uma carta, um artigo de imprensa, trechos de um discurso, parte ou o todo de uma lei, de um decreto, ou um parágrafo de uma encíclica, termos de um contrato, de um acordo, de um tratado etc, podendo também ser parte de outro texto.

A leitura e interpretação dividem-se em várias fases e observando cada uma delas, é possível chegar ao domínio correto da leitura e da forma que se compreende o texto. Fases da leitura e da interpretação:

a) Análise Textual : é uma leitura seguida e completa da unidade de um texto.

b) Análise Temática: trata-se na análise temática de ***ouvir*** o autor, de apreender o conteúdo da mensagem sem nela intervir (geralmente, grifam-se, no texto, as ideias mais importantes).

c) Análise Interpretativa: essa análise é realizada, a partir da compreensão objetiva da mensagem. Interpretar é tomar uma posição própria sobre o compreendido das ideias enunciadas, é superar a estrita mensagem do texto, é forçar o autor a um diálogo, é explorar todas as ideias expostas;

d) Problematização: trata-se da retomada do texto, tendo em vista o levantamento dos problemas mais relevantes.

e) Síntese pessoal: é uma elaboração que o leitor faz; trata-se de uma etapa mais ligada a uma construção lógica da redação do que uma referência à leitura.

f) Conclusão: é uma representação global da leitura analítica, onde o autor coloca uma série de posturas que retirou dos estudos. Revelam as percepções mais importantes do autor.

Quando se elabora um trabalho acadêmico, passa-se por todas as fases da leitura, descritas acima; portanto, a boa leitura prévia é fundamental para o bom resultado do trabalho.

PARTE 4

MODALIDADES DE RELATOS ACADÊMICO-CIENTÍFICOS PARA O TCC

A flexibilidade de produção de relatos acadêmicos deve ser oferecida ao aluno. Para aqueles que suas empresas solicitam, em virtude do custeio dos estudos ou se deseja um estudo mais completo, a Monografia é uma ótima modalidade. Aos que desejam um trabalho mais prático, visando ao aproveitamento para publicações imediatas e temas mais direcionados, o Artigo é ideal. Àqueles que almejam estudos mais direcionados, práticos e aproveitáveis como casos de mercado e ocupações, o Relato de Estudo de Caso é boa opção. Assim, há uma modalidade de relato acadêmico-científico para cada expectativa e necessidade.

Os Trabalhos acadêmicos têm por objetivo a reflexão sobre um tema ou problema específico, e resultam de um processo de investigação sistemática.

Segundo NBR 14724 (2005), o trabalho acadêmico – ou similar (trabalho de conclusão de curso – TCC, trabalho de graduação interdisciplinar – TGI, trabalho de conclusão de especialização e/ou aperfeiçoamento e outros) é:

> Documento que representa o resultado de estudo, devendo expressar conhecimento do assunto escolhido, que deve ser obrigatoriamente emanado da disciplina, módulo, estudo independente, curso, programa e outros ministrados. Deve ser feito sob a coordenação de um orientador.

Modalidades de Trabalhos Acadêmico-Científicos que se relacionam à Pesquisa acadêmico-científica em nível de graduação e pós-graduação

A Resenha, o Artigo, a Monografia, o Relatório Acadêmico de Pesquisa Aplicada (Estudo de Caso ou outras) representam as mais frequentes modalidades de Trabalho de Conclusão de Curso em cursos de graduação e pós-graduação *lato sensu.* Assim, passa-se a aprofundar cada tipo de trabalho acadêmico-científico que poderá resultar documento de conclusão de curso, nos vários níveis da Educação Superior.

IMPORTANTE: Seja qual for o modelo de TCC realizado, como trabalho acadêmico final, deve conter obrigatoriamente:

Capa, Folha de Rosto, Sumário, Folha de Resumo com palavras-chave, Referências, além do corpo do trabalho (lista de figuras, de gráficos ou tabelas serão obrigatórias, quando utilizadas duas vezes ou mais).

Na proposição aqui apresentada, em qualquer modalidade deverá partir do Relatório de Observação Empresarial, realizado na disciplina Estágio.

Capítulo 9

A RESENHA

A Resenha Bibliográfica é um resumo crítico que tem por finalidade sintetizar, de modo informativo ou crítico uma obra ou várias de determinado autor, para comunicar essas informações a um determinado grupo de pessoas; exige conhecimento do assunto, especificamente, e de outros autores, de modo a que se possa ter maturidade intelectual para fazer avaliação e emitir um juízo crítico.

A Resenha pode-se transformar em objeto de TCC, quando realizar farta análise de base teórica sobre um autor, sobre uma obra, sobre um tema, em função de determinada área do conhecimento. Contudo, é preciso não confundir a Resenha aqui mencionada com a técnica de estudo, que se propõe a analisar criticamente autores, em virtude de um tema de pesquisa.

A Resenha inicia com a referência à(s) obra(s). O desenvolvimento apresenta posições de quem resenha, onde tudo que se afirma é comprovado, por meio de evidências (citações, declarações, testemunhos, dados estatísticos, quadros quantitativos, tabelas, exemplos, fatos etc.) , com a finalidade de expor a verdade.

9.1 A LINGUAGEM DA RESENHA

O texto é em linguagem impessoal, na terceira pessoa, de natureza dissertativa argumentativa – propõe o ponto de vista de quem escreve, com vistas a provar e convencer o leitor.

Sua estrutura dissertativa evoca uma construção textual com início, meio e fim bem marcados, desenvolvendo dados em sequência lógica. A Resenha assume a produção de texto, cuja lógica é de pirâmide invertida: partes dos dados mais genéricos para dados mais específicos.

No início da Resenha, busca-se apresentar a obra em sua visão mais geral, de acordo com o tema ou a obra de autor pretendida. A seguir, serão tratados temas mais pontuais e específicos que sejam de relevo e importância para o trabalho desejado. Quanto mais se desenvolve o trabalho de resenha, mais específico ele se torna.

9.2 A EXTENSÃO E SUA APRESENTAÇÃO

Quanto à extensão, a Resenha é menor que o artigo, podendo alcançar o seu tamanho, dependendo da finalidade. Não há um parâmetro universal, mas está em torno de 5 a 15 páginas. Por sua essência lacônica, de economia de palavras, a Resenha apresenta com brevidade aspectos que o resenhista percebe como ideias importantes e dignas de crítica.

Como Trabalho de Conclusão de Curso, deverá possuir estrutura de trabalho acadêmico, como: capa, folha de rosto, Sumário, Introdução e Conclusão, Referências, se houver fontes consultadas.

Capítulo 10

O ARTIGO

Os artigos são produções científicas, cuja finalidade é divulgar, informar e difundir o conhecimento alcançado por meio de pesquisa ou estudos. Por serem pequenos, contudo, com certo grau de complexidade, tratam de questões exclusivamente científicas, apresentando resultados de estudos e pesquisas, distinguindo-se dos demais trabalhos científicos pela sua menor dimensão de extensão e conteúdo.

Existe outra modalidade de artigo, não científico, mas não é alvo de análise neste livro. Normalmente usado em jornais e revistas comerciais e vendidas em bancas de jornal, possui visão de comentário ou notícia. Esse tipo de artigo não se prende às normas da ABNT.

10.1 TIPOS DE ARTIGO

Quanto aos conteúdos, segundo Lakatos; Marconi (2005) pode-se distinguir três tipos de Artigos científicos: Artigo de Argumento Teórico, Artigo de Análise e Artigo Classificatório.

10.1.1 Artigo de Argumento Teórico

É o artigo construído à base de uma proposição e premissa (posição sobre a proposição), em que se busca provar posição favorável ou contrária. Para tanto, buscam-se argumentos sólidos para a comprovação.

Este tipo de artigo exige pesquisa minuciosa e aprofundada, de maneira que propicie coletar dados, válidos e suficientes, delineando um roteiro para a sua construção:

– Exposição teórica;
– Fatos Apresentados;
– Síntese dos Fatos;
– Conclusão.

Pelo grau de exigência do conhecimento profundo de determinadas teorias, trata-se de artigo a ser produzido por especialistas experientes.

10.1.2 Artigo de Análise

Artigo que visa à análise de cada elemento que constitui o estudo realizado, em relação ao todo.

Nesse tipo de artigo, a análise contém: descrição, classificação e definição do assunto, tendo como parâmetro a estrutura, a forma, o objetivo e a finalidade do tema.

Por sua vez, também apresenta um roteiro:

– Definição do assunto;
– Aspetos sobre o assunto;
– Partes constituintes do estudo;
– Relações existentes entre as mesmas.

10.1.3 Artigo Classificatório

Nesse tipo, apresenta-se a classificação dos aspectos sobre determinado assunto, a fim de explicar as suas partes. Assim, divide-se em etapas, com suas características principais, em seguida a definição, a descrição objetiva e a análise.

Tem como roteiro:

– Definição do assunto;
– Explicação da divisão;
– Tabulação dos tipos;
– Análise de cada tipo.

É o tipo mais usado, pelo seu caráter de descrição técnica.

10.2 QUALIDADES DE UM ARTIGO

São várias as qualidades exigidas para que um artigo demonstre qualidade na sua realização. Também, há vários níveis de exigências para ser considerado exitoso. Assim, alguns itens serão elencados:

– Tema Relevante e Inovador;

– Clareza na exposição do tema e sua delimitação;

– Texto construído, segundo a metodologia científica, usando referencial teórico;

– Atualização no Tema e na Argumentação;

– Estruturação Lógica do Texto: início, meio e fim;

– Texto em acordo com as Normas da ABNT;

– Texto com correção lógica e gramatical;

– Linguagem adequada ao contexto científico–Acadêmico;

– Outras qualidades do Artigo: adequado, original, inédito, imparcial, claro, preciso, coerente, objetivo, honesto e exato.

10.3 ESTRUTURA DO ARTIGO

Por sua natureza científica, o Artigo apresenta estrutura padrão na sua produção, em que cada parte possui função, estando de acordo com as Normas da ABNT.

Pode-se dividir o Artigo em: Informações Preliminares, Informações de Síntese, Corpo do texto e Informações Pós-texto, conforme se verá a seguir

1 – Informações Preliminares:
Título
Autor(es)
Credenciais do(s) autor(es)

2 – Informações de Síntese:
Resumo;
Palavras-chave
Abstract;
Keywords;

3 – Corpo do Texto:
Apresentação (dispensável);
Introdução;
Desenvolvimento Material ou Base Teórica e Método (da Pesquisa)
Resultados /Discussão ou Análise
Considerações finais

4 – Informações Pós-texto:
Notas (dispensável)
Anexos (dispensável);
Referências Bibliográficas ou Referência (quando utilizar endereços eletrônicos)

10.4 PARTES DO ARTIGO

Como se viu, o Artigo é um texto acadêmico que possui estrutura definida e com padrão metodológico em sua apresentação. Assim, passa-se a apresentar as partes que compõem um artigo científico. Serão definidas e explicadas cada parte, de forma a elucidar a produção do texto.

10.4.1 Informações preliminares

• **Título**

Diferente do que se pensa, título não é o tema do estudo realizado. O título necessita cumprir dois aspectos comunicativos: informar e persuadir. Portanto, precisa possuir vínculo lógico com o Tema e, ao mesmo tempo, ser motivador à leitura, agir persuasivamente sobre o leitor, levando-o a se interessar pelo texto.

O título deve ser objetivo, mas apresentar o tema com suas delimitações.

Exemplo de Título:

Tema: Recursos Humanos e formação de funcionários para atender a clientes portadores de necessidades especiais para venda de produtos na área do turismo.

Título: A formação de funcionários na área do Turismo para atendimento de portadores de necessidades especiais

Outros Títulos: Os funcionários na área do Turismo e habilidades no atendimento aos clientes portadores de necessidades especiais

Como atender bem na área de Turismo a clientes portadores de necessidades especiais? - foi o problema investigado.

Obs.: Alguns artigos devem apresentar o Título traduzido para o Inglês, pois há veículos de publicação, que o exigem. O Título traduzido deve vir em itálico.

• **Autor(es)**

Indicação do(s) nome(s) de autor(es)

Seguidos de suas credenciais, envolvendo títulos acadêmicos, filiação institucional, vínculos profissionais, endereço e E-mail.

As credenciais funcionam como um minicurrículo do autor, não devendo ultrapassar três linhas.

10.4.2 Informações de síntese

• **Resumo**

Apresentação concisa e, frequentemente, seletiva do texto de um artigo, pondo em relevo os elementos de maior interesse e importância.

A Associação Brasileira de Normas Técnicas, através da norma NBR 6028, define Resumo como "a apresentação concisa dos pontos relevantes de um texto". A recomendação é para que não ultrapasse 100 palavras (para notas e comunicações breves), 250 palavras (para monografias e artigos) e 500 palavras (para relatórios e teses) no formato de único parágrafo. No caso do artigo, aproximadamente 10 linhas.

A ABNT classifica os resumos como: indicativo (ou descritivo) resumo informativo (ou analítico). No artigo, usa-se mais o tipo indicativo, pois se descreve aquilo que será apresentado no corpo do trabalho.

Sugere-se, para montar o Resumo, que se extraia do corpo do trabalho aspectos mais importantes de suas partes como, tema delimitado com sua proposta de premissa, objetivo geral, aspectos abordados no texto e qualquer outra informação que se julgue relevante.

Exemplo de Resumo:

As efetivas transformações por que passam as sociedades mundiais exigem mudanças radicais na educação. A natureza das relações escola/trabalho necessita mudar, de sorte a formar adequadamente a nova força de trabalho. Nesse contexto, merece destaque a educação do administrador, que, na visão atual e futura, precisa ser permanente, em constante aperfeiçoamento, na busca por títulos acadêmicos. Por sua vez, a legislação do ensino superior possibilita a criação de projetos educacionais que se compatibilizem com o objetivo de oferecer propostas realistas e de qualidade. Assim, discutem-se as competências que os trabalhadores da área das Ciências Sociais da Administração necessitam receber durante o curso de graduação.

(Universidade e Formação de Recursos Humanos: Características Culturais Básicas na Formação das Competências e Habilidades do Administrador. *Revista Brasileira de Estudos Pedagógicos*, Brasília, v. 81, n. 199, 2003.)

• **Descritores ou Palavras-chave**

São em média três palavras, que caracterizam o conteúdo do texto; são retiradas do texto do Resumo, pois nele se situa a síntese do estudo.

As palavras-chave são colocadas em sequência à apresentação do Resumo.

Exemplo: (em relação ao Resumo anterior)

Palavras-chave: Transformações Sociais, Competências e Administrador.

• **Abstract**

Apresentação concisa das partes mais significativas do texto, em Língua Inglesa; usa-se traduzir o Resumo como *Abstract* de uma produção científica. É produzido em itálico e espaço simples, guardando as mesmas qualidades do Resumo, já que o reproduz em inglês. É usado na Monografia, no Artigo e em Relatórios de Pesquisa em Geral.

Exemplo de *Abstract:*

This work analyzes the union theory and practice as problem to be solved in the world academic field. The Apprenticeship Supervised Curricular, with his/her legislation disuse, i making possible few progresses in the formation of the exits of the administration courses. However, there i the methodological road, through the scientific to proceed, in way to minimize the great removal of the learned theory and the practice accomplished in the companies. To solve empiric problems found in the organizations is form of scientifically and academically to solve them, but also satisfying the integral formation, through the disciplines of Apprenticeship and of Works of finalization of Course, as Monographs, Goods and case Reports. A sequential methodology, integration and effective it would point formation solutions, privileging, concomitantly, the teaching, the research and the extension to the market.

(Estágio Curricular e Trabalho de Conclusão de Cursos de Administração: uma Metodologia de Integração. *Revista Educação Brasileira*, CRUB, v. 26, n. 52,2005)

• **Keywords**

Descritores em Língua Inglesa, normalmente as mesmas três apontadas como palavras-chave na língua de origem (no Brasil, em Língua Portuguesa).

Obs.: Os *Abstract e Keywords* devem vir em itálico.

Exemplo de *Keywords*: (em relação ao *Abstract* anterior)

Keywords: Supervised Curricular, sequential methodology, finalization of Course.

Obs.: Tanto as palavras-chave como os *Keywords* podem usar expressões, que contam apenas como uma palavra.

Exemplos: "transformação social" e *"Supervised Curricular"*

10.4.3 Corpo do texto

• **Apresentação**

Parte dispensável do corpo do artigo e de demais trabalhos acadêmicos, mas possível de uso, quando se deseja realizar encaminhamentos significativos para a ocorrência da pesquisa ou sobre o tema.

Usa-se a apresentação para se fazer referência às informações sobre o artigo que não comportem na introdução do texto. Por exemplo, quando se deseja aludir à origem do artigo, elementos motivadores à produção, etc.

Exemplo de Apresentação:

As grandes transformações por que passa a sociedade obriga à reflexão sobre novas posturas educacionais em todos os níveis. Portanto, quaisquer trabalhos que produzam a análise e resultados sobre o tema, são bem-vindos ao meio acadêmico-científico. Assim, pensou-se o tema a ser tratado neste estudo.

• **Introdução**

Apresenta a ideia principal e sugere o plano de ideias que se vai tratar no desenvolvimento; mostra o enfoque dado ao tema, sua delimitação, o problema em estudo, introduz a metodologia e os objetivos do trabalho.

A Introdução responde a algumas perguntas:

Qual o Tema e sua delimitação?
Qual o Problema estudado?
Qual(is) é(são) o(s) Objetivo(s)?
Que aspectos serão considerados no corpo do estudo?
Há Hipótese ou Suposição a ser alcançada?
Que metodologia foi foco da pesquisa ou do estudo?

Na introdução, deixa-se claro o pretendido, por meio do Artigo.

> IMPORTANTE: a Introdução deve ser produzida de forma breve, apenas informando os aspectos mencionados anteriormente, mas sem desenvolvê-los.

• **Desenvolvimento**

Segundo o estudo de Redação, o Desenvolvimento é a exposição de ideias que venham a confirmar, justificar e convencer o leitor que as afirmações feitas no parágrafo de introdução são verdadeiras.

Contudo, no Artigo, esta etapa, além de cumprir com os pressupostos da técnica de redação, também necessita executar determinada organização metodológica que todo texto acadêmico-científico propõe.

O Desenvolvimento traz uma sequência lógica de apresentação de dados de forma organizada, pois é produzida seguindo etapas. São elas:

– o Material (a base teórica sobre o tema);

– a Metodologia (o método e a técnica de apuração dos dados, utilizados para a construção da pesquisa ou estudo);

– Resultados (dados obtidos e tabulados) e

– Análise (como o nome diz, a análise dos dados encontrados, seguindo determinada conduta, proposta na metodologia)

Excelente exercício é tomar-se um texto de artigo como Modelo, realizando a divisão do Desenvolvimento do Artigo nestas Etapas.

> **IMPORTANTE:** cada seção em que o tema se desmembra corresponde aos objetivos específicos propostos no Projeto de Pesquisa (parte material).

Parte Material do Desenvolvimento – relaciona-se à base teórica do artigo. Autores e documentos que, de alguma forma, sustente a literatura acadêmica sobre o tema delimitado no artigo.

Exemplo de Desenvolvimento (fragmento):

Há tempos, quando se falava de ensinar a ler, da aquisição da leitura, se pensava exclusivamente nas classes iniciais, na alfabetização. Contudo, com o enfraquecimento da Educação nas últimas décadas, associado ao modelo mundial de sociedade icônica, onde a imagem é a base da comunicação, surgem novas discussões sobre o problema da leitura e da compreensão de realidades textuais ou não. Diz Castro (1997) em seu artigo:

> há os que sabem ler, há os que não sabem. Não lhe ocorre que há níveis diferentes de compreensão. Mas infelizmente temos todos o vício de subestimar as dificuldades na arte de ler, ou, melhor dito, na arte de entender o que foi lido. Saiu da Escola, sabe ler. (p. 58)

Pesquisa realizada com alunos das classes mais privilegiadas economicamente (Revista *Exame*, 2001), que frequentam as ditas "melhores escolas", comprovou ser muito baixo o nível de compreensão dos estudantes em relação à interpretação e à compreensão de realidades textuais (KOCK, 2001). O fenômeno da má leitura está diretamente ligado a um problema sistêmico educacional de base que deve merecer, por parte de estudiosos da área, de educadores e de legisladores total, atenção (CASTRO, 1997).

Ler um texto e compreendê-lo é um processo que se caracteriza pela utilização de conhecimentos prévios. O leitor utiliza, quando lê, aquilo que ele já sabe: o conhecimento adquirido em vários níveis ao longo de sua vida. É mediante a interação entre esses vários níveis de conhecimento que se processa a leitura e, em decorrência, a compreensão segundo Kleiman, 1999. Ora, se para ler, o conhecimento anterior, a cultura primeira do aluno é o fundamental, e se hoje estudantes de qualquer grau escolar leem mal, é lógico que o problema está na formação escolar: estão oferecendo conhecimentos a menos aos estudantes. Como afirma Kleiman (1999):

> O conhecimento linguístico, o conhecimento textual, o conhecimento de mundo devem ser ativados durante a leitura para poder chegar ao momento da compreensão, momento esse que passa despercebido, em que as partes se juntam discretas para fazer o significado. O mero passar de olhos pela linha não é leitura, pois leitura implica uma atividade de procura por parte do leitor, no seu passado, de lembranças e conhecimentos (p.26).

A concorrência desleal entre a Escola e seus aparatos com a informática e todo seu arsenal e recursos colaboram para o enfraquecimento na formação escolar. Os apelos visuais e os facilitadores do computador ofuscam o tradicionalismo das aulas dadas na Escola, restando aos educadores e responsáveis pela formação de milhões de cidadãos uma saída: a atualização. Só se enfrenta o "inimigo", quando se conhece e se sabe usar suas próprias armas. Por isso, é preciso trazer para a Escola metodologias e técnicas novas de ensinar, deixar a mesmice pedagógica de lado e assumir um ensino mais motivador e atualizado, usando, inclusive, a própria informática como meio (MARTINS, 2001).

Contudo, a atualização dos métodos e técnicas de ensinar é só uma frente de ação. Os vários níveis de conhecimento necessitam ser revistos no planejamento de conteúdos escolares. É necessário valorizar a língua materna e torná-la obrigatória em todos os níveis de ensino, é indispensável a volta de conteúdos mais humanos e culturais no ensino fundamental e médio. A base de conhecimento linguístico e humanístico-cultural vem fazendo falta aos estudantes em qualquer fase de seus estudos (...) (TEDESCO, 1999)".

Parte de Relato dos Resultados do Desenvolvimento –

Demonstração dos dados coletados, por meio de técnica específica, por instrumentos, por observação, por caso prático, normalmente, a última seção do Artigo em seu desenvolvimento. Esta fase é seguida da análise de todo o material coletado.

Parte de Análise do Desenvolvimento – é a análise dos dados coletados e observados ao longo do estudo. Neste momento, o pesquisador afirma dados em análise, relacionando o material apurado, com a base teórica inicialmente lançada no desenvolvimento. Neste momento, relaciona-se a teoria e a prática. Referencial teórico apurado com um caso que revele o problema em estudo e como ele acontece e como poderia ser resolvido.

Conclusão ou Considerações Finais

É a parte final do texto de um Artigo, onde se faz o fechamento do assunto tratado, resumindo o que foi observado, como percepções mais importantes do autor sobre o Tema e o Problema abordado no Desenvolvimento.

Quanto ao nome Conclusão ou Considerações Finais, tem-se aqui uma escolha que, geralmente, é determinada pelo veículo de publicação ou instituição educacional que receberá o Artigo como produto de TCC ou como texto para publicação. Assume-se aqui **Considerações Finais** como nomenclatura mais usual em artigos, devido ao padrão mais normativo, apesar de não ser de caráter universal.

É importante destacar que a conclusão ou Considerações Finais devem iniciar, apresentando percepções mais genéricas sobre o problema e o tema, não deixando de considerar cada parte que o Artigo desenvolve. Assim, se o artigo possui 4 subtítulos, ele deve conter, no mínimo, 5 parágrafos consistentes: o primeiro de abordagem geral e os demais sobre cada subtítulo tratado no desenvolvimento, decorrentes dos objetivos específicos da pesquisa.

Exemplo de Considerações Finais:

Considerações Finais

Aqui está posto um problema real da universidade hoje. Como instituição social, com compromissos com a população, as universidades e as instituições de ensino superior deve contribuir à resolução ou minimização do problema que hoje também interfere na formação profissional e na vida das pessoas. Além de corrigir deficiências, deve desenvolver competências comunicativas imprescindíveis, para se esteja preparado ao mercado e à vida.

Com isso, qualquer atividade produzida que promova o desenvolvimento da leitura e da escrita é indispensável à formação pessoal e profissional do indivíduo, levando-o a perceber que ler é muito mais que pronunciar letras e sílabas, é mergulhar no texto, compreender as linhas e entrelinhas, é conseguir apreender realidades em qualquer linguagem, transferindo o interpretado e o refletido em prol de viver melhor e expressá-las.

O papel da Educação e de seus agentes é criar oportunidades que permitam o desenvolvimento do processo cognitivo do aluno através de estratégias bem planejadas, a partir do conhecimento prévio do perfil do egresso que se quer formar, do tipo de sociedade que se deseja construir. Cidadãos mais reflexivos, criativos e responsáveis se desejam formar, com vistas à construção de uma sociedade mais justa e democrática, preparada para enfrentar o mundo globalizado.

Com projetos inovadores e de enriquecimento cognitivo, como o aqui apresentado, fortalece-se a formação dos estudantes universitários brasileiros. Assim, em resumo, podem-se apontar algumas inovações e contribuições, trazidas pelo Projeto de Oficinas ao corpo discente do Curso de Administração na Universidade Estácio de Sá, a saber:

Já que o Projeto se desenvolve ciclicamente ao longo da matriz curricular do Curso, sua evolução é gradativa e respeita a cognição natural dos alunos;

As Oficinas desenvolvem nos discentes várias modalidades de habilidades: Conhecimento, Compreensão, Análise e Síntese;

As Oficinas de Leitura e Construção de texto surgem como um diferencial na formação discente, posto que ter redação própria, saber se comunicar interpessoalmente com mais desenvoltura e compreender realidades que estão à sua volta apontam melhor receptividade no mercado das organizações;

As Atividades de Oficinas são avaliadas por alunos e professores, criando, assim, uma retroalimentação para o Projeto; semestralmente há encontros de "Oficineiros", Coordenação do Projeto e Direção do Curso, com vistas a atualizar o Projeto às necessidades do Curso de Administração;

Assim, como atividade complementar de grande significado, torna-se excelente referencial e ponto de partida para todas as instituições superiores. O caso das Oficinas de Leitura e Produção de Texto do Curso de Administração, da Universidade Estácio de Sá traz resultados e metodologias de ação testadas e consolidadas que poderão ser utilizadas por outros cursos, em outras instituições e outros locais, resguardados o perfil de egresso e a missão do curso".

(Atividades Complementares – Um Diferencial Cognitivo para Corrigir e Enriquecer a Formação do Administrador: O Caso do Projeto das Oficinas de Leitura e Construção de Texto na Universidade Estácio de Sá. Revista ANGRAD, Rio de Janeiro, v. 5, n. 1, 2004)

Obs.: A Introdução e as Considerações Finais são partes breves do Artigo, por isso, não devem ultrapassar duas páginas para cada parte. Cada seção do artigo será focada com percepções mais apuradas do pesquisador.

Formatação de tabelas, quadros, gráficos e figuras

Figuras, quadros e gráficos não devem possuir títulos, mas legendas. Para melhor visualização dos objetos, deve-se prever um espaço simples entre texto-objeto e entre legenda-texto. As legendas devem ser posicionadas abaixo das Figuras, Quadros e Gráficos. No caso das Tabelas, seu título deve-se colar acima. Esses objetos e suas respectivas legendas devem ser centralizados. Todos devem possuir Fonte e ano, assim como apresentar padrão de letra menor que o do texto.

Exemplos de Tabela:

Tabela 2 – Demonstração do resultado do ciclo de vida

Ienes

Vendas			1.300.000
Menos custo do produto			
Custos de pesquisa e desenvolvimento	100.000		
Custos de planejamento e desenho	30.000		
Custos de fabricação	700.000		
Custos de Marketing	50.000		
Custos de distribuição física	20.000		900.000
Resultado do produto			400.000
Custos pós-venda			
Custos de garantia	150.000		
Despesas de devolução	20.000		
Despesas de litígio	10.000		180.000
Resultado líquido do produto			220.000

Fonte: Sakurai (2001)

CRIAÇÃO DE CURSOS DE ADMINISTRAÇÃO

Período de Autorização	**Percentual (%)**	**Período de Reconhecimento**	**Percentual (%)**
Até a década de 60	0,71%	Até a década de 60	0,71%
Década de 60	6,38%	Década de 60	1,42%
Década de 70	**17,02%**	Década de 70	**23,40%**
Década de 80	7,09%	Década de 80	1,42%
Década de 90	**30,50%**	Década de 90	**14,89%**
A partir de 2000	**34,04%**	A partir de 2000	**34,04%**
Não autorizados	4,28%	Ainda não reconhecidos	24,11%
Total	100,00%	Total	100,00%

Fonte: Mastella. Pesquisa Angrad, 2005

Referências Bibliográficas

Adota-se para o Artigo e demais trabalhos científicos o critério de Referência em ordem alfabética, de tudo que foi citado e referenciado na produção do texto.

Ainda como observação não menos importante, destaca-se o título em negrito, itálico ou sublinhado. Ultimamente, livros, artigos publicados em revistas científicas e em Anais de Congressos apresentam o destaque **em itálico**.

Quando houver endereços eletrônicos apenas se chamará Referências, pois endereços eletrônicos não são bibliográficos.

Exemplo de Referências Bibliográficas:

ABREU, Antonio Soares. *Curso de redação*. São Paulo: Ática, 1993.

AMORA, Soares. *Minidicionário*. São Paulo: Saraiva, 2001.

CASTRO, Cláudio Moura. Da arte brasileira de ler o que não está escrito. Revista *Veja*, outubro, 1997.

CUNHA, Celso; CINTRA, Lindisney. *Nova gramática do Português contemporâneo*. Rio de Janeiro: Nova Fronteira, 1998.

KLEIMAN, Angela. *Leitura e leitor*. Campinas: Pontes, 1999.

KOCH, Ingedore Villaça. *O texto e a construção dos sentidos*. São Paulo: Contexto, 2001.

MARTINS, Luciano. *Escrever com criatividade*. São Paulo: Contexto, 2001.

MAZZAROTTO, Luiz Fernando. *Manual básico de redação e gramática aplicada*. São Paulo: Difusão Cultural do Livro, 1996.

MEDEIROS , João Bosco. *Português instrumental: para cursos de contabilidade, administração e economia*. São Paulo: Atlas, 1999.

PERRENOUD, Ph. *Pedagogia diferenciada*. Porto Alegre: Artmed,1999.

_______________. *As competências para ensinar no século XXI*. A formação dos professores e a avaliação. Porto Alegre: Artmed, 2002.

(quando se possui mais de um livro do autor, usa-se o traço contínuo para substituir seu nome)

RANGEL, Mary. *Dinâmicas de leitura para a sala de aula*. Petrópolis: Vozes, 1998.

SANTOS, Leonor Werneek dos. *Discurso, coesão e argumentação*. Rio de Janeiro: Oficina do Autor, 1997.

TEDESCO, Juan Carlos. *O novo pacto educativo*. São Paulo: Ática, 1999.

ZILBERMAN, Regina (Org.) et al. *Leitura perspectivas interdiciplinares*. São Paulo: Ática, 1998.

Exemplo de Referências:

BRASIL, Decreto n. 2.134, de 24 de janeiro de 1977. Diário Oficial da União, Brasília, DF, n. 18, 27 jan. 1977. Seção 1, p.1435-1436.

PASTORE, Karina. Rogai por nós e não desfazei os nós. *Veja*, Rio de Janeiro, ano 34, n. 36, p. 70-72, 12 set. 2001.

SALES, João Ribeiro. O trabalho de conclusão de curso: planejamento, execução e redação. 2. ed. São Luís: Alvorada, 1998.

SILVA, Ives Gandra da. Pena de morte para o nascituro. *O Estado de S. Paulo*, São Paulo, 19 set. 1998. Disponível em: <http://www.providafamilia.org/penamortenascituro.htm>.Acesso em 19 set. 2003.

• **Anexos** (quando houver)

Recomenda-se que os Artigos só possuam Anexos, quando indispensáveis à sua compreensão. Caso existam, devem ser citados ao final, numerados e registrados em Sumário, com sua devida paginação.

• **Notas**

Usadas, quando de extrema necessidade, as Notas em rodapé ou no fim do texto do artigo devem vir numeradas, acompanhando o desenvolvimento do texto

Usam-se identificar as credenciais do autor em nota de rodapé, no caso de artigos para publicação em veículos acadêmico-científicos.

Apresentação do Artigo como TCC

O artigo, como produto de TCC ou para publicação, será entregue, cumprindo criteriosamente as Normas de elaboração de um trabalho acadêmico-científico, segundo a ABNT – (NBR 14724) de agosto 2005

Na apresentação do Artigo, para entrega como trabalho de TCC, devem-se cumprir os seguintes itens, já vistos no seu passo a passo:

– Capa;
– Folha de Rosto;
– Sumário (ver anexo 7);
– Texto do artigo com as partes aqui apresentadas;
– Referências Bibliográficas ou Referências;
– Anexos (se houver).

Obs.: É bem verdade que artigo científico não possui capa e folha de rosto como parte integrante; porém, quando o Artigo representar o produto de conclusão de curso em qualquer nível de ensino, passa a ser um trabalho acadêmico que irá exigir apresentação para entrega.

É importante ressaltar a extensão do Artigo de TCC ou de qualquer outro fim. Tem-se como parâmetro de extensão o mínimo de quinze (15) páginas de texto (Introdução, Desenvolvimento e Considerações Finais) até trinta (25) páginas.

• **Lista de ilustrações: Tabelas, Figuras, Quadros e Gráficos**

As listas de ilustrações, tabelas, quadros e outros se localizam imediatamente após o sumário, em páginas próprias, e seus itens devem ser relacionados na mesma ordem do texto, devendo ser incluída a indicação das páginas, em que aparecem. Quando muito numerosas, devem estar em listas próprias.

• **<u>Recomendação de extensão sobre o corpo de texto do artigo</u>**

O corpo do artigo será iniciado imediatamente após a linha que contém as palavras-chave, e deverá conter, minimamente, as seguintes seções:

a) INTRODUÇÃO

Esta seção deve proporcionar ao leitor uma introdução geral sobre o tema do artigo, com o propósito de atraí-lo para a leitura completa do artigo. Não é apenas uma descrição dos conteúdos das seções do texto. Ela deve apresentar em um texto único (sem seções), fluido e agradável:

- A formulação clara do tema em questão e os motivos que justificam a sua escolha;
- O enfoque central do trabalho, a questão a ser respondida;
- Os objetivos pretendidos;
- A metodologia utilizada; e
- A relevância (social, para o governo, para as empresas etc.) do trabalho;

Usualmente, o tamanho desta seção varia entre 2 e 3 páginas.

b) REFERENCIAL TEÓRICO – (Desenvolvimento)

Esta seção é o resultado da revisão de literatura (livros, artigos etc.) das áreas de conhecimento relacionadas com o tema do artigo. Nela são apresentadas as ideias <u>principais</u> de autores da área. Estas ideias são apenas apresentadas, porém, não são discutidas ou criticadas, o que será feito na (ANÁLISE). Passagens importantes da literatura revisada são incluídas no texto do artigo sob forma de citações diretas e indiretas. A literatura revisada e incluída no artigo, sob forma de citações, também deverá ser incluída nas referências bibliográficas no final do artigo. As referências bibliográficas do artigo devem incluir, no mínimo, 3 livros seminais sobre o tema em questão.

A seção pode ser dividida em tantas subseções, de acordo com os objetivos específicos traçados no projeto. Sua adequada organização permite, posteriormente, na última seção, realizar comparações e análises, utilizando casos práticos ou experiências empresariais, levando a uma melhor compreensão do assunto, por meio do relacionamento Teoria x Prática: a Análise.

Usualmente, o tamanho desta seção varia entre 8 e 12 páginas.

c) ANÁLISE

Nesta seção são discutidas e criticadas as ideias dos autores, apresentadas na seção anterior, que são confrontadas com suas próprias considerações sobre o tema em questão. Usualmente, o tamanho desta seção varia entre 3 e 5 páginas. Aqui, pode-se utilizar casos como exemplos e analisá-los relacionando a base teórica anterior, com a prática visualizada pelo autor. O posicionamento crítico torna-se importante nesta fase.

Obs.: alguns artigos englobam as seções REFERENCIAL TEÓRICO e ANÁLISE em uma única seção chamada de DESENVOLVIMENTO.

d) CONSIDERAÇÕES FINAIS

As conclusões não são um resumo do artigo, mas dos resultados obtidos no trabalho, apresentados de forma objetiva e concisa. Usualmente, o tamanho desta seção varia entre 2 e 3 páginas.

É importante considerar que se o Artigo foi dividido em seções, ele deve relacionar resultados e suas percepções sobre cada uma delas.

e) REFERÊNCIAS

A lista de referências é estreitamente relacionada à revisão de literatura da seção 2. Ela deve incluir os trabalhos de onde foram extraídos dados, figuras, tabelas, textos etc. Todas as referências citadas no texto devem ser incluídas na lista de referências. Por outro lado, a lista não deve incluir fontes não citadas no texto (Umas páginas).

• Formatação do Artigo

Editor de texto

• Word do Office 97 ou posterior

Configuração das páginas

• Tamanho do papel: A4 (29,7cm x 21 cm)
• Margem superior: 3 cm
• Margem inferior: 2 cm
• Margem esquerda: 3 cm
• Margem direita: 2 cm

Configuração de textos

• Fonte Times New Roman ou Arial, corpo 12
• Espaçamento entre caracteres, palavras e linhas: simples ou um e meio
• Número de páginas: mínimo de 15 (quinze), máximo de 25 (vinte e cinco), incluindo ilustrações, bibliografia e notas de final de texto.

Conteúdo da primeira página

• Título do trabalho, com todas as palavras principais iniciando em maiúsculas.
• Resumo do trabalho, com no mínimo 10 e de no máximo 15 linhas, em um único parágrafo, no mesmo idioma do trabalho.

- Início do corpo do texto (do trabalho em si).

Observações:

a) As "de rodapé" poderão ser incluídas como notas "de final de texto".

b) Ilustrações, tabelas e gráficos: elaborados em Excel ou Power Point e incorporados ao Word (leia adiante como efetuar a incorporação), com fonte Times New Roman, corpo 10, só serão colocadas no texto, quando indispensáveis à leitura.

c) Para incorporar ilustrações, tabelas ou gráficos ao Word:
1. No Excel, selecione o gráfico, a ilustração, a figura ou a tabela e, em seguida, no menu Editar, Copiar.
2. No Word, clique onde você deseja que o objeto seja incorporado. No menu Editar, selecione Colar especial.
3. Selecione Colar. Na caixa Como, clique na Planilha do Microsoft Excel Objeto ou no Gráfico do Microsoft Excel Objeto.

IMPORTANTE: Perguntas a serem respondidas na Produção do Artigo:

1. O quê?	(Título)
2. Por quê?	(objetivos) – Introdução
3. Para quem?	(leitor) – Introdução
4. Onde?	(material e métodos) – Desenvolvimento
5. Quando?	(material e métodos) – Desenvolvimento
6. Como?	(material e métodos) – Desenvolvimento
7. Quanto?	(resultados) – Desenvolvimento
8. O que significa?	discussão)..– Desenvolvimento
9. E então?	(Considerações Finais) – Conclusões

Fonte: Curso de Atualização sobre Avaliação do Trabalho Científico. Associação Nacional dos Editores Científicos, 2006

Capítulo 11

RELATÓRIO DE ESTUDO DE CASO

Na área de Gestão e Negócios, estudar um caso se inicia com a observação da descrição de um problema administrativo ou de gestão verificado e escolhido para estudo. Cada caso é o testemunho de um problema da área de gestão e negócios que em uma organização ocorrem e que precisam da observação e da formação técnica e especializada para sua solução.

O Caso serve de elo que une a teoria com a vivência de situações, onde o envolvido terá que decidir por atitudes e ações, baseadas nos fatos observados e coletados numa realidade organizacional. Daí a importância do conhecimento adquirido ao longo do curso e das competências e das habilidades desenvolvidas.

Um bom caso é o veículo pelo qual uma fatia da realidade é estudada e do repertório do estudante pesquisador e sua relação com seu orientador/tutor surgirão respostas e saídas aos problemas encontrados. O Caso traz à discussão problemas enfrentados em situações da vida real da gestão e dos negócios.

O Estudo de Caso, como pesquisa aplicada, é habitualmente descrito do ponto de vista da pessoa envolvida, que toma a decisão ou se encontra diante de um dilema. Deve relatar os fatos relevantes da situação ou do problema na época, em que ela ocorreu. A temporalidade, a contextualização e o método de coletar informações são aspectos a serem cuidados nesta forma de estudo.

Por mais simples que se apresente, o caso sempre resulta de uma situação específica que, de fato, existiu ou existe no mundo real das organizações, envolvendo a gestão e os negócios que configuram um determinado problema em face do qual se deve tomar uma ou várias decisões.

O Estudo de Caso proporciona uma visão da atividade gestora e da organização, perante os alunos pesquisadores. Na verdade, o método de estudo de caso consiste na aproximação do estudante da área de gestão e negócios, com alguns problemas ocorridos dentro das organizações, gerando, assim, uma pesquisa aplicada de resultados úteis e aplicáveis.

Algumas recomendações:

a) A pesquisa acadêmica baseada, no Estudo de Caso, exige intensa participação individual. Não basta estar presente e ser um observador silencioso, mas procurar saber em que cenários o problema se deu, os profissionais envolvidos e suas percepções sobre o que é perquisado, ou seja, exige participação, curiosidade em saber mais e as consequências do problema para a organização. O estudante pesquisador deve se colocar em postura proativa para realizar sua investigação;
b) Não deixe de discutir com profissionais e professores da área sobre o problema observado e estudado; das várias visões e percepções sairá caminho mais consistente e pensado;
c) Busque provas (evidências) objetivas e verificáveis na realidade pesquisada;
d) Embora haja a possibilidade de que novas informações técnicas surjam, é importante para uma tomada de decisão eficaz, que não se recue de decisões tomadas e já fundamentadas como atitude e ações para se chegar à solução do problema de pesquisa. Contudo, não se deve fechar a novas informações.

Assim como a Artigo, o Relatório de Estudo de Caso deve conter entre 15 a 25 páginas de conteúdo, não contando folhas pré e pós-textuais.

MODELAGEM DO RELATÓRIO DE ESTUDO DE CASO

RESUMO: é a apresentação concisa e seletiva do texto de um texto, pondo em relevo os elementos de maior interesse, tais como objetivos do artigo, metodologia e conclusões. A Associação Brasileira de Normas Técnicas, através da norma NBR 6028, define resumo como "a apresentação concisa dos pontos relevantes de um texto". Para artigos, a ABNT recomenda o resumo com 250 palavras, aproximadamente 10 a 15 linhas, em apenas um parágrafo. Segue o mesmo padrão do artigo; apresenta três palavras-chave.

INTRODUÇÃO

Apresentação do Objetivo do Trabalho e seu Tema. Assuntos Tratados no Levantamento Organizacional, Definição e Tratamento Teórico da(s) Ferramenta(s) de Análise ou Diagnóstico e Análise e Diagnóstico da Organização.

O método e a técnica de pesquisa utilizados para o desenvolvimento do estudo.

1 LEVANTAMENTO ORGANIZACIONAL (Desenvolvimento)

1.1 Uma análise descritiva do histórico e da missão da Organização, bem como um memorial descritivo de suas atividades durante o Programa de Estágio:

- Histórico e evolução temporal da Organização.
- Missão, Objetivos e Mercado a ser atingido – filosofia de atuação.
- Linha de pesquisa da área da Administração pretendida de estudo.

1.2 Levantamento das estratégias, das estruturas e das atividades de valor da Organização:

- Descrição do ambiente.
- Descrição da estratégia competitiva genérica e o negócio da empresa.
- Descrição da estrutura organizacional.
- Descrição das atividades da empresa
- Descrição das atividades primárias de marketing e serviços.
- Descrição das atividades de operações e logística.

1.3 Reconhecimento do Problema encontrado na Organização, em função da área pretendida (contextualização e planejamento):

- Definição do (objeto) e sua contextualização na realidade empresarial
- Justificativa para a escolha do (objeto) a ser estudado.

2 DEFINIÇÃO E TRATAMENTO TEÓRICO DA(S) FERRAMENTA(S) DE ANÁLISE OU DIAGNÓSTICO

- Base teórica na área da linha de pesquisa que aborde o tema pretendido, com sua delimitação. (média de cinco páginas)

3 ANÁLISE E DIAGNÓSTICO DA ORGANIZAÇÃO

- Tabulação e Análise dos dados alcançados.
- Apresentação de resultados, cruzando aspectos teóricos com a análise.

CONSIDERAÇÕES FINAIS

- Apresentação de resultados – proposta de solução ou melhoria para o problema observado na organização. (duas páginas).

Obs.: Como é uma modalidade de TCC, deve conter Capa, Folha de rosto, Sumário como apresentação para entrega. (Anexos 8, 9, 5)

REFERÊNCIAS BIBLIOGRÁFICAS OU REFERÊNCIAS

Lista de livros e demais fontes de consulta que gerem o Referencial Teórico da pesquisa. Mínimo de 5 livros e demais fontes presenciais ou em endereços eletrônicos.

A linguagem em 3ª pessoa, impessoal, em que se utilizará a mesma metodologia científica utilizada nas demais modalidades, seguindo criteriosamente as normas da ABNT. (NBR 14724)

Capítulo 12
A MONOGRAFIA

Como mais uma modalidade de TCC, a Monografia é dos mais usados relatos de finalização de curso. Dos mais tradicionais, a opção pela Monografia acarreta banca de avaliação e defesa pública, tendo em vista as exigências acadêmicas que ela acarreta.

Assim, passa-se à apresentação de sua estrutura.

12.1 ESTRUTURA

A estrutura do trabalho compreende: elementos pré-textuais, textuais e pós-textuais. Os elementos são classificados em duas categorias, obrigatórios e opcionais.

É importante consultar a ordem dos elementos dentro da estrutura da Monografia. Este modelo permite visualizar com clareza a disposição dos elementos na composição:

<u>Ordem dos Elementos:</u>

ELEMENTOS PRÉ -TEXTUAIS OU PRELIMINARES →	CAPA (Obrigatório) LOMBADA (Opcional) FOLHA DE ROSTO (Obrigatório) FOLHA DE ROSTO DE APROVAÇÃO (Obrigatório) DEDICATÓRIA (Opcional) AGRADECIMENTOS (Opcional) EPÍGRAFE (Opcional) RESUMO E PALAVRA CHAVE (Obrigatório) RESUMO EM LÍNGUA ESTRANGEIRA E *KEYWORDS* (Obrigatório) LISTA DE ILUSTRAÇÕES (caso haja) LISTA DE TABELAS (Caso haja) LISTA DE ABREVIATURAS E SIGLAS (Caso haja) SUMÁRIO (Obrigatório)
ELEMENTOS TEXTUAIS →	INTRODUÇÃO (Obrigatório) DESENVOLVIMENTO (Capítulos) (Obrigatório) CONCLUSÃO (Obrigatório)
PÓS-TEXTUAIS →	REFERÊNCIAS BIBLIOGRÁFICAS OU REFERÊNCIAS (Obrigatório) GLOSSÁRIO (Opcional) APÊNDICE (Opcional) ANEXOS (Opcional) ÍNDICE (Opcional)

A modalidade Monografia atualmente é uma das modelagens de Trabalho de Conclusão de Curso – TCC – das mais utilizadas, seja ao término da graduação e licenciaturas, como na pós-graduação *lato sensu*, com, no mínimo, 50 páginas.

Monografia, segundo a *Americam Library Association*, é um "trabalho sistemático e completo sobre um assunto em particular, usualmente pormenorizado no tratamento, mas não extenso no alcance". O tema a ser abordado na Monografia deve ser resultante de seleção feita pelo aluno dentre aqueles assuntos mais relevantes e atuais, levando-os a expor suas ideias, manifestar seus pontos de vista a respeito desse assunto escolhido e, fundamentalmente, trazer a resposta a um problema verificado e estudado ao longo da pesquisa. Assim, o Trabalho acadêmico Monografia tem por objetivo a reflexão sobre um tema ou problema específico, resultado de um processo de investigação sistemática.

É importante lembrar que a Monografia é a decorrência de investigação científica, e a reflexão é o fator predominante tanto na elaboração quanto na comunicação realizada no trabalho monográfico. Não constitui a mera compilação do material obtido e dados pesquisados, sem que este tenha sofrido tratamento de análise crítica que resulte em reelaboração da temática escolhida e problematizada.

A Monografia pode resultar num relato, produto de uma revisão de literatura (pesquisa bibliográfica) criticamente articulada ou da experiência profissional do autor. É importante ressaltar que quanto mais focada no tema da prática profissional, baseado em pesquisa aplicada, torna-se mais útil ao autor, de forma a utilizar os resultados na sua vida de trabalho. Recomenda-se, para fins de trabalho de finalização de curso de bacharelado, uma linha de estudo de pesquisa aplicada, fruto da observação de problemas da realidade nas organizações.

O desenvolvimento da Monografia exige orientação, pois é uma solicitação acadêmica que justifica a finalização de cursos de várias áreas de conhecimento e de vários níveis educacionais. Com os seguintes objetivos:

a) incentivar a reflexão crítica sobre os temas profissionais e acadêmicos específicos do curso em conclusão;
b) demonstrar e aprofundar os conhecimentos e as habilidades profissionais e acadêmicas desenvolvidas e adquiridas no transcurso do curso;
c) desenvolver o interesse pela busca de resultados, por meio da atividade de pesquisa;
d) desenvolver a capacidade de expressão escrita e de elaboração de trabalhos acadêmicos;
e) contribuir academicamente para a solução de questões das várias ciências, foco de cada formação.

A Monografia, pelo seu caráter técnico-científico, determinado por normas da ABNT, é sujeita a uma série de regras e metodologias na sua forma de apresentação, tanto por escrito, como oralmente. Exige-se que a Monografia seja um produto acadêmico de apresentação em evento público, perante banca de professores, em que um deles seja o orientador do estudante. A avaliação final é conjunta, realizada pela banca, após apresentação e defesa das ideias sobre o trabalho de pesquisa realizado.

12.2 A PESQUISA

O objetivo fundamental da Monografia, como qualquer relato de pesquisa, é apresentar respostas quase exatas, racionais e objetivas para o problema proposto e visualizado pelo pesquisador. Ela consiste numa sucessão de etapas e, embora as pesquisas difiram entre si, podem-se apontar quatro etapas como processo de construção de um trabalho monográfico. São elas:

a) O Planejamento:

Após a escolha do assunto, parte-se para o levantamento inicial do material. Em seguida identifica-se o problema e se formulam as hipóteses, caso haja viabilidade.

Para que haja a pesquisa, deve-se, antes de tudo, apontar o problema. O problema é uma indagação que se pretende responder através da investigação.

O acesso a trabalhos e livros já publicados constitui elemento essencial para orientação de qualquer pesquisa.

b) A Coleta de Dados:

Na maior parte das pesquisas, os dados são coletados a partir de amostras do universo a ser pesquisado, utilizado-se, para isso, procedimentos diversos, como a pesquisa bibliográfica, a utilização de questionários e entrevistas etc.

O emprego de questionários, entrevistas ou formulários caracteriza a pesquisa de levantamento. Procedimento que exige atenção na formulação das questões, bem como no registro cuidadoso dos dados.

c) A Análise:

De posse do material coletado, o pesquisador vai submetê-lo a uma seleção que, porventura, aponte o excesso ou falta de informações, que devem ser incluídas ou complementadas.

Se possíveis de tabulação, os dados devem ser codificados e contados, se não, parte-se para o passo seguinte, que é a análise e a interpretação dos dados obtidos, estabelecendo-se relações necessárias entre os dados coletados e as hipóteses formuladas (quando existam).

d) Elaboração do Relatório Monográfico:

É a última fase, onde se processa a comunicação dos resultados obtidos pela pesquisa.

Parte-se, então, para a redação preliminar ou rascunho, que permite visualizar as deficiências, de modo que sejam sanadas e, finalmente redigido, como relatório definitivo.

12.3 A REDAÇÃO DO RELATÓRIO MONOGRÁFICO DE PESQUISA

A Monografia deve cumprir não só às normas técnicas que regem o trabalho científico (ABNT), mas também a certas regras de redação, já que seu autor almeja transmitir o conhecimento obtido, possibilitando ao leitor o acompanhamento das diversas etapas empreendidas, conforme foi apresentado no Capítulo 5.

A atenção dada às partes deve ser bem dosada para evitar que as ideias abordadas nos últimos capítulos não recebam o mesmo tratamento dado nos primeiros capítulos. A repetição de conteúdos torna-se um defeito na elaboração do Relato Monográfico.

Ao redigir a Monografia, em linguagem impessoal, em 3ª pessoa, deve-se usar o poder de empatia, colocando-se no lugar do leitor. Assim, o Quem? Quê? Como? Para quê? surgirão como estimuladores e ordenadores do trabalho.

É preciso facilitar o trabalho, organizando tópicos que permitam que cada aspecto seja tratado num determinado lugar, evitando longas digressões, mas cuidando da organização das ideias, seguindo um critério lógico e cronológico.

12.4 ESTRUTURA DO TRABALHO MONOGRÁFICO

Após a coleta de dados e a análise reflexiva dos mesmos, o autor encontra-se em condições de elaborar a parte escrita do trabalho.

A boa disposição dos elementos, além de incentivar o leitor, através da estética à leitura, proporciona o encontro da matéria desejada, facilitando a apreensão do conteúdo e a leitura do relatório.

Apesar de as normas não serem rígidas, deve-se atentar para detalhes de que as monografias devem obedecer a uma uniformidade de estrutura.

12.4.1 Papéis, Margens e Espaços

O papel deve ser de boa qualidade, branco e de tamanho A4.

Na parte inferior e no lado direito do papel, deve-se deixar uma margem de 2cm, ficando a superior com 3cm. A margem esquerda também será de 3cm, como a ilustração da figura (corpo do texto).

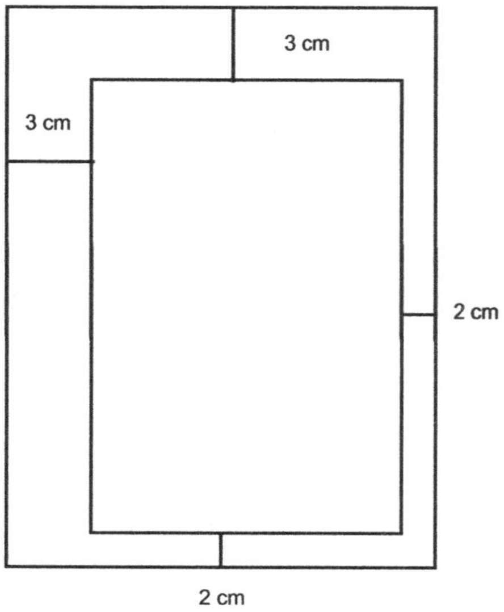

O texto deve ser digitado em um só lado do papel e, em espaço 1,5, utilizando-se espaço 3 nas passagens de títulos e subtítulos.

As citações longas (+ de 3 linhas) são transcritas sem aspas, em parágrafo próprio, 4cm da margem esquerda, utilizando-se espaço 1 e parágrafo de 6 a 7,5cm da margem. Como no exemplo abaixo:

> Todo aquele que já realizou espécie de trabalho criador experimentou, em maior ou menor grau, o estado de espírito no qual, depois de longo labor, a verdade ou a beleza aparecem, ou parecem aparecer, em súbita glória; pode ser uma coisa insignificante ou algo a respeito do universo
>
> .

As notas de rodapé também são batidas em espaço 1, parágrafo de 5 toques, a partir da margem, separadas do corpo do texto por uma linha, imaginária ou marcada, que avance 1/3 da largura da folha, a partir da margem esquerda, deixando 2 espaços entre a linha e as notas de rodapé. Atualmente, as Notas são colocadas no final do texto, evitando-se o rodapé.

As obras relacionadas nas Referências Bibliográficas também são escritas em espaços 1, mantendo o espaço 2 entre cada uma delas, em ordem alfabética.

1 – LANGONI, Carlos Geraldo. *A crise do desenvolvimento: uma estratégia para o futuro.* 2. ed. Rio de Janeiro: J. Olympio, 1985.

2– MAGALHÃES, João Paulo de Almeida. *A crise estrutural brasileira.* Rio de Janeiro: GEN, 2000.

3 – PAIVA, Paulo ET alii. *Plano cruzado: A taque e defesa.* Rio de Janeiro: Forense Universitária, 1987.

12.4.2. Paginação

A partir da introdução, as folhas são paginadas em algarismo arábicos, sendo que a página de abertura da introdução, Conclusão, Bibliografia e de capítulos é contada, mas não numerada.

As páginas da parte pré-textual (Folha de rosto, Dístico, Dedicatória, Resumo indicativo, Sumário) são contadas, mas só se for necessária uma segunda folha para o Sumário é que esta será numerada, em algarismo romanos minúsculos.

O número de cada folha deve ser escrito à direita, a 2cm da borda superior, e a igualmente 2cm da borda esquerda.

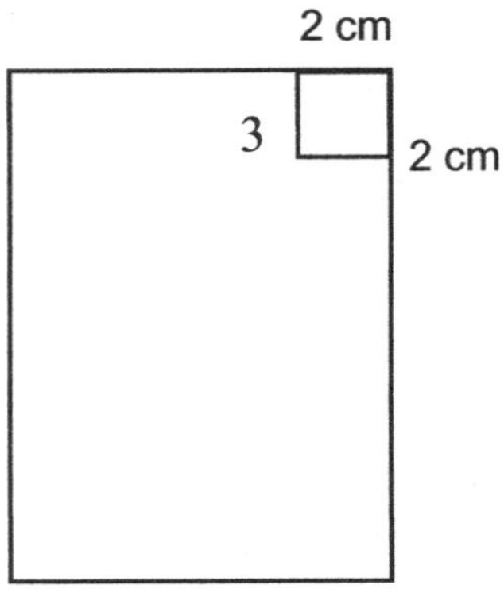

Figura 4– Numeração de página

Os títulos das partes (Introdução, Capítulos, Conclusão, Bibliografia, Sumário, etc.) são grafados em maiúsculas, podendo ser centrados a igual distância das margens ou margem de parágrafo. O texto se inicia a cerca de 5 espaços do título.

Os títulos de itens são grafados com letra inicial das palavras em maiúsculas, podendo aparecer com margem de parágrafo à esquerda ou 2 espaços da margem esquerda.

TÍTULO DE CAPÍTULOS, REFERÊNCIAS, ANEXOS E APÊNDICES	8cm da borda superior da folha
TÍTULOS DE SUMÁRIOS, INTRODUÇÃO E CONCLUSÃO	5cm da borda superior da folha

> CAPÍTULO 1
> UMA VISÃO PANORÂMICA DA REALIDADE
>
> Após termos assinalados os principais aspectos teóricos ligados à classificação, escolha, compatibilização e quantificação ....
> ....
> ....
>
> 1.1 Objetivos de Algumas Economias Latino-Americanas. Nas economias da América Latina, os objetivos essenciais da política econômica têm sido vinculados à promoção do desenvolvimento (Negrito) ....
> ....
> ....
>
> 1.1.1 Argentina – A política econômica argentina é coordenada pela Secretaria de Planejamento e Ação Econômica do Governo (simples) ....
> ....
> ....

12.4.3 Capa

Iniciada pelas indicações sobre Faculdade ou Universidade sob cuja responsabilidade a pesquisa foi realizada, curso, disciplina, Departamento, título do trabalho, local e data (Mês e Ano).

Deve ser papel branco, tamanho A4, sem ilustrações, mantendo as margens, conforme modelo (anexo 8).

12.4.4 Folha de Rosto

É a primeira folha da Monografia, reproduzindo dados semelhantes ao da capa; identifica-se à finalidade do trabalho (margem direita). (Anexo 9)

12.4.5 Dístico e/ ou Dedicatória:

Dístico ou Epigrafe é uma citação ou pensamento colocado no início da monografia, guardando relação com o conteúdo da mesma. Deve ter nome do autor da frase ou do pensamento (opcional).

No caso de colocação de dedicatória (é opcional), busque fórmulas não muito sentimentais, não exagerando no número de pessoas citadas.

Tanto o dístico quanto a dedicatória seguem as normas para citação longa, devendo ser grafados abaixo do meio da folha. (fig.3.5. – Dístico)

Meio da folha ____

Figura – Dístico

Figura – Dístico

12.4.6 Resumo Indicativo e Palavras-Chave

Corresponde a uma síntese descrita que permita ao leitor ter uma ideia sumária do conteúdo da pesquisa. É redigido ao final do trabalho, mas colocado antes da Introdução, redigido em 10 a 15 linhas. (Anexo 10)

O Resumo é seguido por 3 palavras-chave ou descritores, palavras ou expressões de maior relevância, na relação de identificação do trabalho e do tema.

12.4.7 Sumário

O sumário apresenta as principais divisões do trabalho, como os títulos de capítulos e suas subdivisões, exatamente como se apresentam no conjunto do trabalho, indicando as respectivas páginas. É a última folha a ser datilografada.

Deve figurar após a folha de rosto (Quando não houver folha de dístico ou dedicatória) e nela aparecem o cabeçalho, a 5cm da boda superior, em letras maiúsculas.

Os títulos de capítulos são grafados em letras maiúsculas, enquanto os títulos de itens têm apenas a inicial da primeira palavra em maiúsculas.

Entre o título do capítulo e suas divisões, o espaço é 2, porém, entre as divisões o espaço é simples (espaço 1). É apresentado um tipo de Sumário (Anexo 5)

12.4.8 Introdução

O objetivo da Introdução é a formulação clara e simples do tema da pesquisa. A introdução deve:

a) Definir o assunto elaborado;
b) Delimitar o campo da pesquisa;

c) Situar o assunto no tempo e no espaço ou no conjunto dos conhecimentos ou atividades antes desenvolvidas e com as quais é relacionado;
d) Mostrar a importância do assunto apresentado;
e) Traçar a metodologia utilizada e os objetivos da pesquisa;
f) Justificar o interesse pelo assunto escolhido e sua importância, face a outros temas.

Abre página, com o cabeçalho devidamente centrado ou com margem de parágrafo, a 5 cm da borda superior.

12.4.9 Desenvolvimento ou Corpo do Trabalho

É a parte mais extensa do trabalho escrito, onde desenvolve-se a ideia principal, desmembrando-a. Parte em que se responde a proposta (o Problema).

Deve ser dividido em partes que serão tantas quantas forem necessárias à explanação do assunto. Essas partes se desdobrarão em capítulos, divididos em itens. (cada capítulo deve corresponder a um objetivo específico da pesquisa)

Cada capítulo iniciará uma nova página, com título em maiúsculas a 8 cm da borda superior da folha. A distância entre o título e o texto é de 5 espaços.

12.4.10 Conclusão

É uma decorrência natural de tudo que se apresentou durante o desenvolvimento. É uma síntese integradora de ideias mais relevantes elaboradas no trabalho e percebidas pelo autor. É o conjunto de percepções individuais do autor, em função do assunto estudado.

Apesar de breve, não menos que duas páginas, deve ser consistente, reafirmando sinteticamente a ideia principal e os pontos mais importantes apresentados no corpo do trabalho.

Deve abrir nova página, apresentando o cabeçalho a 5cm da borda superior.

12.4.11 Apêndices e Anexos

São inclusões de texto ou ilustrações julgadas importantes para a compreensão do trabalho, mas que, apesar de importante, sobrecarregam o corpo do trabalho.

Quando da própria autoria do autor, são chamados Apêndices; Anexos são aquelas extraídas de obras de outros autores.

Devem ser precedidos por uma folha de apresentação, onde o título em maiúsculas é centralizado na folha.

No corpo da monografia, deve-se remeter ao anexo correspondente, utilizado, quando importantes, para o entendimento do trabalho.

12.4.12 Referências Bibliográficas ou Referências

É a enumeração dos autores e obras consultadas por ocasião do trabalho, devendo ser elaborada, de acordo com as normas da Associação Brasileira de Normas Técnicas.

Abre nova página, com o título a 8cm da borda superior.

As publicações utilizadas na monografia devem ser referenciadas, de acordo com as normas fixadas pela Associação Brasileira de Normas Técnicas (ABNT), permitindo a identificação das obras ou de partes das mesmas. Tais Normas já foram tratadas em capítulo anterior.

12.5 TRANSCRIÇÃO PARCIAL DOS TRABALHOS CONSULTADOS

No decorrer da leitura do material selecionado, deve-se identificar trechos dos documentos consultados que possam vir a ser transcritos ou citados no relatório final, objetivando reforçar a argumentação.

Essas citações podem ser fielmente transcritas, constituindo-se em citações textuais diretas, ou consistirem em sínteses pessoais, reproduzindo ideias do autor citado, numa citação livre. Para qualquer tipo é exigida a referência à fonte de onde a mesma foi extraída.

O texto a ser citado pode ser transcrito na sua totalidade ou ter partes eliminadas, desde que seu sentido não seja truncado. Pode-se, também, acrescentar esclarecimentos, porque, ao ser transcrito apenas uma parte, alguns elementos ficam ocultos. As partes eliminadas por reticências e entre parênteses se ocorrerem no meio. Os acréscimos serão colocados entre conchetes [ ]

Se for utilizada citação em língua estrangeira, a mesma deve ser traduzida no corpo do trabalho.

As citações diretas exigem a indicação do autor, como da publicação e da página.

Toda citação apresenta, a seu término, o número de chamada que indica a nota de referência colocada no rodapé da mesma página ou no final do trabalho, onde estiver localizado o término da citação, quando houver a necessidade de explicações complementadas.

A citações diretas com mais de 3 linhas serão colocadas em caixa de citação, a 4cm da borda esquerda em fonte 10, espaço simples.

OBS: Em trabalhos atuais deve-se evitar notas de rodapé, colocando-as, apenas, quando indispensáveis.

Da nota de rodapé deverá constar:

a) Se livro – nome do autor com sobrenome em maiúsculas, título da obra sublinhado ou em itálico e número da página.

> Durante após-guerra criou-se um mercado interno de proporções razoáveis... não só pelo próprio crescimento de renda decorrente do processo de investimento como pela existência de restrições internas análogas às que limitavam as importações desses produtos
>
> ---
>
> (3) Maria da Conceição TAVARES, *Da substituição de importações ao capitalismo financeiro*. P. 42

b) Se periódico – nome do autor como o sobrenome em maiúsculas, título do artigo, título periódico sublinhados, número e página.

> Entre 1967 e 1970, configurava-se no Brasil um período de recuperação da economia que se secede aos fracassos do Plano de Ação Econômica do Governo (PAEG), cujo intento de voltar a obter taxas de crescimento semelhante às do período do Plano de Meta (+/– 6% a.a), com baixos índices de inflação, não se verificou.
>
> ---
>
> André Cezar MEDICE, Estabilização x Crescimento. A estratégia... *Economia, Ensaios*, v. 1 n. 1, p.73

As publicações utilizadas na monografia devem ser referenciadas, de acordo com as normas fixadas pela Associação Brasileira de Normas Técnicas (ABNT), permitindo a identificação das obras ou de partes das mesmas

PARTE 5
FORMAS DE DIVULGAÇÃO CIENTÍFICA

Os Congressos, Encontros, Semanas, Seminários e outros são eventos mais comuns para as divulgações, onde os pesquisadores e estudiosos expõem seus trabalhos. Normalmente são as Instituições que promovem esses eventos, dando o devido caráter científico necessário, para que os trabalhos sejam considerados. Nesses eventos existem Comissões Científicas, para a análise e seleção dos trabalhos enviados pelos participantes. Essas comissões são formadas por pessoas de notório conhecimento científico na área do tema.

Capítulo 13
TRABALHOS APRESENTAÇÕES E MÍDIAS CIENTÍFICAS

A divulgação do trabalho acadêmico-científico acontece por várias modalidades e tipos de mídia. Podem ser presenciais ou virtuais, tendo em vista o apelo da tecnologia.

São muitas as formas de apresentação de trabalhos acadêmico-científicos, como as apresentadas a seguir:

Painéis – são trechos de trabalhos de pesquisa, sejam feitos por desenhos, esquemas, gráficos ou mesmo fotos, sempre procurando explicar ao público, o objeto da pesquisa; de um modo geral situam-se entre 0,8 a 1,0m, o tamanho de cada painel.

Palestras – são apresentações orais de trabalhos normalmente feitas pelos próprios pesquisadores, para um público seleto.

Mesas-redondas – são apresentações de trabalhos, sob a coordenação de especialista,.

Seminários – são apresentações feitas por vários especialistas, cada um deles ocupando-se de uma parte do assunto.

Conferências – são apresentações semelhantes às palestras, mas têm um caráter mais abrangente, de modo que o conferencista pode apresentar um ensaio.

Comunicação – (como espaços destinados às apresentações)– este é modelo mais usado para a divulgação de pesquisas e demais trabalhos terminados ou em andamento, em Congressos ou outro evento de vulto.

Mídia Científica – Revistas e livros específicos da área do conhecimento ou multidisciplinares.

As Mídias Científicas

Diferente das demais mídias, a Mídia Acadêmico-Científica segue padrão metodológico específico, conforme as exigências das Normas Técnicas científicas, de padrão internacional.

Publicar neste tipo de veículo é altamente produtivo para o pesquisador, o especialista em determinada área do conhecimento. Em termos de enriquecimento curricular, é uma das grandes aquisições por mérito.

Contudo, não é só o pesquisador que recebe gratificações pessoais e profissionais com a publicação. As instituições de ensino e pesquisa também ganham com a performance de seus professores e/ou pesquisadores.

Todo Veículo científico possui comitê editorial que julga e avalia as produções enviadas para publicação e, apesar de não haver um critério único, têm-se delineados alguns pontos que indicam qualidade e aceitação de um trabalho científico, a saber:

- Tema Relevante e Inovador;
- Clareza na exposição do tema, do problema e de sua delimitação;
- Texto construído, segundo a metodologia científica, usando referencial teórico de apoio atual como argumentação;
- Estruturação Lógica do Texto: Introdução, Desenvolvimento e Conclusão;
- Texto em acordo com as Normas da ABNT;
- Texto com correção lógica e gramatical.

É importante ressaltar, ainda, que nem todos os veículos científicos possuem o mesmo peso curricular para quem publica. A CAPES criou um mecanismo de avaliação por área de conhecimento, em comitês científicos, a que se submetem periodicamente, veículos de disseminação de pesquisa, com a finalidade de alcançar classificação Qualis.

Há várias faixas de Qualificação, como:

- Qualis A Internacional
- Qualis A Nacional
- Qualis A Local
- Qualis B Internacional
- Qualis B Nacional
- Qualis B Local
- Qualis C Internacional

- Qualis C Nacional
- Qualis C Local.

A menor qualificação é o Qualis C Local. É a primeira classificação Qualis para um periódico, vinculado a um programa de pós-graduação stricto sensu de uma instituição de ensino ou de Instituição de Pesquisa.

REFERÊNCIAS

ASSOCIAÇÃO BRASILEIRA DE NORMAS TÉCNICAS. *NBR 6023*: informação e documentação: referências – elaboração. Rio de Janeiro, 2002.

ASSOCIAÇÃO BRASILEIRA DE NORMAS TÉCNICAS. *NBR 6027*: sumário – procedimento. Rio de Janeiro, 2003.

ASSOCIAÇÃO BRASILEIRA DE NORMAS TÉCNICAS. *NBR 6028*: resumos – procedimento. Rio de Janeiro, 2003.

ASSOCIAÇÃO BRASILEIRA DE NORMAS TÉCNICAS. *NBR 10520*: informação e documentação: apresentação de citações em documentos. Rio de Janeiro, 2002.

ASSOCIAÇÃO BRASILEIRA DE NORMAS TÉCNICAS. *NBR 14724*: informação e documentação: trabalhos acadêmicos – apresentação. Rio de Janeiro, 2005.

BOTERF, Guy Le, Desenvolvendo a competência dos profissionais. Porto Alegre: Artmed, 2003.

BRASIL – Lei nº 5.540 – Fixa normas de organização e funcionamento do ensino superior e sua articulação com a escola média, e dá outras providências, 28 de novembro de 1968.

BRASIL – Lei nº 11.788. Dispõe sobre o estágio de estudantes; altera a redação do art. 428 da Consolidação das Leis do Trabalho – CLT, aprovada pelo Decreto-Lei nº 5.452, de 1º de maio de 1943, e a Lei nº 9.394, de 20 de dezembro de 1996; revoga as Leis nºs 6.494, de 7 de dezembro de 1977, e 8.859, de 23 de março de 1994, o parágrafo único do art. 82 da Lei nº 9.394, de 20 de dezembro de 1996, e o art. 6º da Medida-Provisória nº 2.164-41, de 24 de agosto de 2001; e dá outras providências, 25 de setembro de 2008.

BRASIL – Cartilha esclarecedora sobre a Lei do Estágio: Lei nº 11.788/2008 – Brasília: MTE, SPPE, DPJ, CGPI, 2008. 22 p.

CERVO, Amado Luiz; BERVIAN, Pedro Alcino. *Metodologia científica*. 5. ed. São Paulo. Prentice Hall, 2002.

COSTA, Sérgio Francisco. *Método Científico – os caminhos da investigação*. São Paulo: Harbra, 2001.

FACHIN, Odília. *Fundamentos de metodologia*. 3. ed. São Paulo: Saraiva, 2002.

Gil, Antônio Carlos. *Métodos e técnicas de pesquisa social.* 5. ed. São Paulo: Atlas. 2002.

__________ *Como elaborar projetos de pesquisa.* 5ª. ed. São Paulo: Atlas, 2002.

KOLB, David.*The executive mind: new insights on management thought and action.*Londres: Suresh Shrivata Associates, 1983.

KOLB, David & al. *Organizational psychology: an experiential approach to organizational behaviour.* New Jersey: Prentice Hall, 1984.

LAKATOS, Eva Maria; MARCONI, Mariana de Andrade. *Metodologia científica.* 2. ed. São Paulo: Atlas, 1995.

LIMA, Manolita Correia. *Monografia: a engenharia da produção acadêmica.* São Paulo: Saraiva, 2004.

LUCK, Heloísa. *Metodologia de projetos.* Petrópolis: Vozes, 2003.

MARTINS, Gilberto de Andrade; LINTZ, Alexandre. *Guia para Elaboração de monografia e trabalhos de conclusão de curso.* 2. ed. São Paulo: 2002.

MINAYO, Maria Cecília de Souza (org.). *Pesquisa Social. Teoria, método e criatividade.* 20. ed., Petrópolis: Vozes, 2002.

MUSSAK, Eugênio. *Caminhos da mudança.* São Paulo: Integrare, 2008.

OLIVEIRA, Silvio Luiz de. *Tratado de metodologia científica. Projetos de pesquisas, TGI, TCC, Monografias, Dissertações e Teses.* 3. ed. São Paulo: Pioneira, 2001.

PERRENOUD, Pierre. Construção de competências na escola. Porto Alegre: Artmed, 1997.

__________ As competências para ensinar no século XXI. A formação dos professores e a avaliação. Porto Alegre: Artmed, 2002.

ROESCH, Sylvia M. A. & al. *Projetos de estágio do curso de administração.* São Paulo: Atlas, 1996.

SQUARISI, Dad; SALVADOR, Arlete. *A arte de escrever bem.* São Paulo: Contexto, 2004.

THIOLLENT, Michel. *Pesquisa-ação nas organizações.* São Paulo: Atlas, 2000.

VERSIANI, Flávio Rabelo. Normas para a boa redação de trabalhos acadêmicos (fragmento). Disponível: <Unb.gov.br> Acesso em: 29out.2009.

ANEXOS

ANEXO 1
NOVA LEI DE ESTÁGIO

Presidência da República

Casa Civil
Subchefia para Assuntos Jurídicos

Dispõe sobre o estágio de estudantes; altera a redação do art. 428 da Consolidação das Leis do Trabalho – CLT, aprovada pelo Decreto-Lei nº 5.452, de 1º de maio de 1943, e a Lei nº 9.394, de 20 de dezembro de 1996; revoga as Leis nºs 6.494, de 7 de dezembro de 1977, e 8.859, de 23 de março de 1994, o parágrafo único do art. 82 da Lei nº 9.394, de 20 de dezembro de 1996, e o art. 6º da Medida Provisória no 2.164-41, de 24 de agosto de 2001; e dá outras providências.

LEI Nº 11.788, DE 25 DE SETEMBRO DE 2008.

O PRESIDENTE DA REPÚBLICA Faço saber que o Congresso Nacional decreta e eu sanciono a seguinte Lei:

CAPÍTULO I

DA DEFINIÇÃO, CLASSIFICAÇÃO E RELAÇÕES DE ESTÁGIO

Art. 1o Estágio é ato educativo escolar supervisionado, desenvolvido no ambiente de trabalho, que visa à preparação para o trabalho produtivo de educandos que estejam frequentando o ensino regular em instituições de educação superior, de educação profissional, de ensino médio, da educação especial e dos anos finais do ensino fundamental, na modalidade profissional da educação de jovens e adultos.

§ 1º O estágio faz parte do projeto pedagógico do curso, além de integrar o itinerário formativo do educando.

§ 2º O estágio visa ao aprendizado de competências próprias da atividade profissional e à contextualização curricular, objetivando o desenvolvimento do educando para a vida cidadã e para o trabalho.

Art. 2º O estágio poderá ser obrigatório ou não obrigatório, conforme determinação das diretrizes curriculares da etapa, modalidade e área de ensino e do projeto pedagógico do curso.

§ 1º Estágio obrigatório é aquele definido como tal no projeto do curso, cuja carga horária é requisito para aprovação e obtenção de diploma.

§ 2º Estágio não obrigatório é aquele desenvolvido como atividade opcional, acrescida à carga horária regular e obrigatória.

§ 3º As atividades de extensão, de monitorias e de iniciação científica na educação superior, desenvolvidas pelo estudante, somente poderão ser equiparadas ao estágio em caso de previsão no projeto pedagógico do curso.

Art. 3º O estágio, tanto na hipótese do § 1º do art. 2º desta Lei quanto na prevista no § 2º do mesmo dispositivo, não cria vínculo empregatício de qualquer natureza, observados os seguintes requisitos:

I – matrícula e frequência regular do educando em curso de educação superior, de educação profissional, de ensino médio, da educação especial e nos anos finais do ensino fundamental, na modalidade profissional da educação de jovens e adultos e atestados pela instituição de ensino;

II – celebração de termo de compromisso entre o educando, a parte concedente do estágio e a instituição de ensino;

III – compatibilidade entre as atividades desenvolvidas no estágio e aquelas previstas no termo de compromisso.

§ 1º O estágio, como ato educativo escolar supervisionado, deverá ter acompanhamento efetivo pelo professor orientador da instituição de ensino e por supervisor da parte concedente, comprovado por vistosnos relatórios referidos no inciso IV do caput do art. 7º desta Lei e por menção de aprovação final.

§ 2º O descumprimento de qualquer dos incisos deste artigo ou de qualquer obrigação contida no termo de compromisso caracteriza vínculo de emprego do educando com a parte concedente do estágio para todos os fins da legislação trabalhista e previdenciária.

Art. 4º A realização de estágios, nos termos desta Lei, aplica-se aos estudantes estrangeiros regularmente matriculados em cursos superiores no País, autorizados ou reconhecidos, observado o prazo do visto temporário de estudante, na forma da legislação aplicável.

Art. 5º As instituições de ensino e as partes cedentes de estágio podem, a seu critério, recorrer a serviços de agentes de integração públicos e privados, mediante condições acordadas em instrumento jurídico apropriado, devendo ser observada, no caso de contratação com recursos públicos, a legislação que estabelece as normas gerais de licitação.

§ 1º Cabe aos agentes de integração, como auxiliares no processo de aperfeiçoamento do instituto do estágio:

I – identificar oportunidades de estágio;

II – ajustar suas condições de realização;

III – fazer o acompanhamento administrativo;

IV – encaminhar negociação de seguros contra acidentes pessoais;

V – cadastrar os estudantes.

§ 2º É vedada a cobrança de qualquer valor dos estudantes, a título de remuneração pelos serviços referidos nos incisos deste artigo.

§ 3o Os agentes de integração serão responsabilizados civilmente se indicarem estagiários para a realização de atividades não compatíveis com a programação curricular estabelecida para cada curso, assim como estagiários matriculados em cursos ou instituições para as quais não há previsão de estágio curricular.

Art. 6o O local de estágio pode ser selecionado a partir de cadastro de partes cedentes, organizado pelas instituições de ensino ou pelos agentes de integração.

CAPÍTULO II

DA INSTITUIÇÃO DE ENSINO

Art. 7o São obrigações das instituições de ensino, em relação aos estágios de seus educandos:

I – celebrar termo de compromisso com o educando ou com seu representante ou assistente legal, quando ele for absoluta ou relativamente incapaz, e com a parte concedente, indicando as condições de adequação do estágio à proposta pedagógica do curso, à etapa e modalidade da formação escolar do estudante e ao horário e calendário escolar;

II – avaliar as instalações da parte concedente do estágio e sua adequação à formação cultural e profissional do educando;
III – indicar professor orientador, da área a ser desenvolvida no estágio, como responsável pelo acompanhamento e avaliação das atividades do estagiário;
IV – exigir do educando a apresentação periódica, em prazo não superior a 6 (seis) meses, de relatório das atividades;
V – zelar pelo cumprimento do termo de compromisso, reorientando o estagiário para outro local em caso de descumprimento de suas normas;
VI – elaborar normas complementares e instrumentos de avaliação dos estágios de seus educandos;
VII – comunicar à parte concedente do estágio, no início do período letivo, as datas de realização de avaliações escolares ou acadêmicas.
Parágrafo único. O plano de atividades do estagiário, elaborado em acordo das 3 (três) partes a que se refere o inciso II do caput do art. 3º desta Lei, será incorporado ao termo de compromisso por meio de aditivos à medida que for avaliado, progressivamente, o desempenho do estudante.
Art. 8º É facultado às instituições de ensino celebrar com entes públicos e privados convênio de concessão de estágio, nos quais se explicitem o processo educativo compreendido nas atividades programadas para seus educandos e as condições de que tratam os arts. 6º a 14 desta Lei.
Parágrafo único. A celebração de convênio de concessão de estágio entre a instituição de ensino e a parte concedente não dispensa a celebração do termo de compromisso de que trata o inciso II do caput do art. 3º desta Lei.
CAPÍTULO III
DA PARTE CONCEDENTE
Art. 9º As pessoas jurídicas de direito privado e os órgãos da administração pública direta, autárquica e fundacional de qualquer dos Poderes da União, dos Estados, do Distrito Federal e dos Municípios, bem como profissionais liberais de nível superior, devidamente registrados em seus respectivos conselhos de fiscalização profissional, podem oferecer estágio, observadas as seguintes obrigações:

I – celebrar termo de compromisso com a instituição de ensino e o educando, zelando por seu cumprimento;

II – ofertar instalações que tenham condições de proporcionar ao educando atividades de aprendizagem social, profissional e cultural;

III – indicar funcionário de seu quadro de pessoal, com formação ou experiência profissional na área de conhecimento desenvolvida no curso do estagiário, para orientar e supervisionar até 10 (dez) estagiários simultaneamente;

IV – contratar em favor do estagiário seguro contra acidentes pessoais, cuja apólice seja compatível com valores de mercado, conforme fique estabelecido no termo de compromisso;

V – por ocasião do desligamento do estagiário, entregar termo de realização do estágio com indicação resumida das atividades desenvolvidas, dos períodos e da avaliação de desempenho;

VI – manter à disposição da fiscalização documentos que comprovem a relação de estágio;

VII – enviar à instituição de ensino, com periodicidade mínima de 6 (seis) meses, relatório de atividades, com vista obrigatória ao estagiário.

Parágrafo único. No caso de estágio obrigatório, a responsabilidade pela contratação do seguro de que trata o inciso IV do caput deste artigo poderá, alternativamente, ser assumida pela instituição de ensino.

CAPÍTULO IV

DO ESTAGIÁRIO

Art. 10. A jornada de atividade em estágio será definida de comum acordo entre a instituição de ensino, a parte concedente e o aluno estagiário ou seu representante legal, devendo constar do termo de compromisso ser compatível com as atividades escolares e não ultrapassar:

I – 4 (quatro) horas diárias e 20 (vinte) horas semanais, no caso de estudantes de educação especial e dos anos finais do ensino fundamental, na modalidade profissional de educação de jovens e adultos;

II – 6 (seis) horas diárias e 30 (trinta) horas semanais, no caso de estudantes do ensino superior, da educação profissional de nível médio e do ensino médio regular.

§ 1º O estágio relativo a cursos que alternam teoria e prática, nos períodos em que não estão programadas aulas presenciais, poderá ter jornada de até 40 (quarenta) horas semanais, desde que isso esteja previsto no projeto pedagógico do curso e da instituição de ensino.

§ 2º Se a instituição de ensino adotar verificações de aprendizagem periódicas ou finais, nos períodos de avaliação, a carga horária do estágio será reduzida pelo menos à metade, segundo estipulado no termo de compromisso, para garantir o bom desempenho do estudante.

Art. 11. A duração do estágio, na mesma parte concedente, não poderá exceder 2 (dois) anos, exceto quando se tratar de estagiário portador de deficiência.

Art. 12. O estagiário poderá receber bolsa ou outra forma de contraprestação que venha a ser acordada, sendo compulsória a sua concessão, bem como a do auxílio-transporte, na hipótese de estágio não obrigatório.

§ 1º A eventual concessão de benefícios relacionados a transporte, alimentação e saúde, entre outros, não caracteriza vínculo empregatício.

§ 2º Poderá o educando inscrever-se e contribuir como segurado facultativo do Regime Geral de Previdência Social.

Art. 13. É assegurado ao estagiário, sempre que o estágio tenha duração igual ou superior a 1 (um) ano, período de recesso de 30 (trinta) dias, a ser gozado preferencialmente durante suas férias escolares.

§ 1º O recesso de que trata este artigo deverá ser remunerado quando o estagiário receber bolsa ou outra forma de contraprestação.

§ 2º Os dias de recesso previstos neste artigo serão concedidos de maneira proporcional, nos casos de o estágio ter duração inferior a 1 (um) ano.

Art. 14. Aplica-se ao estagiário a legislação relacionada à saúde e segurança no trabalho, sendo sua implementaçãode responsabilidade da parte concedente do estágio.

CAPÍTULO V

DA FISCALIZAÇÃO

Art. 15. A manutenção de estagiários em desconformidade com esta Lei caracteriza vínculo de emprego do educando com a parte concedente do estágio para todos os fins da legislação trabalhista e previdenciária.

§ 1º A instituição privada ou pública que reincidir na irregularidade de que trata este artigo ficará impedida de receber estagiários por 2 (dois) anos, contados da data da decisão definitiva do processo administrativo correspondente.

§ 2º A penalidade de que trata o § 1º deste artigo limita-se à filial ou agência em que for cometida a irregularidade.

CAPÍTULO VI

DAS DISPOSIÇÕES GERAIS

Art. 16. O termo de compromisso deverá ser firmado pelo estagiário ou com seu representante ou assistente legal e pelos representantes legais da parte concedente e da instituição de ensino, vedada a atuação dos agentes de integração a que se refere o art. 5o desta Lei como representante de qualquer das partes.

Art. 17. O número máximo de estagiários em relação ao quadro de pessoal das entidades concedentes de estágio deverá atender às seguintes proporções:

I – de 1 (um) a 5 (cinco) empregados: 1 (um) estagiário;

II – de 6 (seis) a 10 (dez) empregados: até 2 (dois) estagiários;

III – de 11 (onze) a 25 (vinte e cinco) empregados: até 5 (cinco) estagiários;

IV – acima de 25 (vinte e cinco) empregados: até 20% (vinte por cento) de estagiários.

§ 1º Para efeito desta Lei, considera-se quadro de pessoal o conjunto de trabalhadores empregados existentesno estabelecimento do estágio.

§ 2º Na hipótese de a parte concedente contar com várias filiais ou estabelecimentos, os Quantitativos previstos nos incisos deste artigo serão aplicados a cada um deles.

§ 3º Quando o cálculo do percentual disposto no inciso IV do caput deste artigo resultar em fração, poderáserarredondado para o número inteiro imediatamente superior.

§ 4º Não se aplica o disposto no caput deste artigo aos estágios de nível superior e de nível médio profissional.

§ 5º Fica assegurado às pessoas portadoras de deficiência o percentual de 10% (dez por cento) das vagas oferecidas pela parte concedente do estágio.

Art. 18. A prorrogação dos estágios contratados antes do início da vigência desta Lei apenas poderá ocorrer se ajustada às suas disposições.

Art. 19. O art. 428 da Consolidação das Leis do Trabalho – CLT, aprovada pelo Decreto-Lei nº 5.452, de 1º de maio de 1943, passa a vigorar com as seguintes alterações:

"Art. 428. ....

§ 1º A validade do contrato de aprendizagem pressupõe anotação na Carteira de Trabalho e Previdência Social, matrícula e frequência do aprendiz na escola, caso não haja concluído o ensino médio, e inscrição em programa de aprendizagem desenvolvido sob orientação de entidade qualificada em formação técnico-profissional metódica.

....

§ 3º O contrato de aprendizagem não poderá ser estipulado por mais de 2 (dois) anos, exceto quando se tratar de aprendiz portador de deficiência.

....

§ 7º Nas localidades onde não houver oferta de ensino médio para o cumprimentodo disposto no § 1º deste artigo, a contratação do aprendiz poderá ocorrersem a frequência à escola, desde que ele já tenha concluído o ensino fundamental." (NR)

Art. 20. O art. 82 da Lei no 9.394, de 20 de dezembro de 1996, passa a vigorar com a seguinte redação:

"Art. 82. Os sistemas de ensino estabelecerão as normas de realização de estágio em sua jurisdição, observada a lei federal sobre a matéria.

Parágrafo único. (Revogado)." (NR)

Art. 21. Esta Lei entra em vigor na data de sua publicação.

Art. 22. Revogam-se as Leis nºs 6.494, de 7 de dezembro de 1977, e 8.859, de 23 de março de 1994, o parágrafo único do art. 82 da Lei nº 9.394, de 20 de dezembro de 1996, e o art. 6º da Medida Provisória no 2.164-41, de 24 de agosto de 2001.

Brasília, 25 de setembro de 2008; 187o da Independência e 120o da República.

LUIZ INÁCIO LULA DA SILVA

Fernando Haddad

André Peixoto Figueiredo Lima

ANEXO 2
CARTILHA ESCLARECEDORA SOBRE A LEI DO ESTÁGIO
(Lei nº 11.788/2008)

Presidente da República
Luiz Inácio Lula da Silva
Ministro do Trabalho e Emprego
Carlos Lupi
Secretário-Executivo
André Figueiredo
Secretário de Políticas Públicas de Emprego
Ezequiel Sousa do Nascimento
Diretor do Departamento de Políticas de Trabalho e Emprego para Juventude
Renato Ludwig de Souza
Coordenador-Geral de Preparação e Intermediação de Mão-de-Obra Juvenil
Sidne Henrique Butka

Brasília, DF – 2008
Dados Internacionais de Catalogação na Publicação (CIP)
Biblioteca. Seção de Processos Técnicos – MTE

Tiragem: 2.000 exemplares
Edição e Distribuição: Secretaria de Políticas Públicas de Emprego (SPPE)
Departamento de Políticas de Trabalho e Emprego para a Juventude (DPJ)
Coordenação-Geral de Preparação e Intermediação de Mão de Obra Juvenil (CGPI)
Esplanada dos Ministérios, Bl. F, Ed.-Sede, Sobreloja, Sala 30
CEP: 70059-900 – Brasília – DF
Tel.: (61) 3317-6553/6983
E-mail: estagio.sppe@mte.gov.br
Impresso no Brasil/*Printed in Brazil*

C322 Cartilha esclarecedora sobre a lei do estágio: lei
nº 11.788/2008 – Brasília: MTE, SPPE, DPJ, CGPI,
2008. 22 p.
1. Estágio, legislação, Brasil. 2. Estagiário, Brasil. 3.
Ensino profissional, Brasil. I. Brasil. Ministério do Trabalho
e Emprego (MTE). II. Brasil. Secretaria de Políticas
Públicas de Emprego (SPPE). III. Brasil. Departamento de
Políticas de Trabalho e Emprego para Juventude (DPJ).
IV. Brasil. Coordenação-Geral de Preparação e Intermediação de
Mão de Obra Juvenil (CGPI).
CDD 341.3

Apresentação

O Ministério do Trabalho e Emprego (MTE) torna pública esta **Cartilha Esclarecedora sobre a Lei do Estágio** com o objetivo de orientar estudantes e instituições de ensino públicos e particulares a respeito das inovações trazidas pela Lei do Estágio, instituída para proporcionar a milhões de jovens estudantes brasileiros os instrumentos que facilitem sua passagem do ambiente escolar para o mundo do trabalho. Ao divulgar este documento, pretende-se tanto auxiliar o jovem estudante a perceber, no frio enunciado das normas, os horizontes que se abrem para um caminhar seguro na carreira profissional escolhida como induzir as empresas brasileiras a adquirir consciência de sua responsabilidade social e das vantagens materiais e morais de acolher o estagiário em suas equipes técnicas e profissionais.

As disposições da Lei nº 11.788, de 25 de setembro de 2008, representam uma evolução na política pública de emprego para jovens no Brasil, ao reconhecer o estágio como um vínculo educativo--profissionalizante, supervisionado e desenvolvido como parte do projeto pedagógico e do itinerário formativo do educando. São concepções educativas e de formação profissional para dotar o estagiário de uma ampla cobertura de direitos capazes de assegurar o exercício da cidadania e da democracia no ambiente de trabalho.

As bases das mudanças se fundamentam em compromisso formalizado entre o estagiário, a instituição de ensino e a empresa com base em um plano de atividade que materializa a extensão ao ambiente de trabalho do projeto pedagógico desenvolvido nas disciplinas do currículo escolar.

A amplitude das mudanças oferecidas se reflete ainda em um elenco de direitos sociais traduzidos na concessão de um período de recesso de 30 dias após um ano de duração do estágio, a ser gozado preferencialmente nas férias escolares, e de todas as garantias da legislação vigente sobre saúde, segurança do trabalho e de seguro de acidentes pessoais, além da fixação de uma jornada máxima de atividade de acordo com o nível ou
modalidade de educação e ensino que estiver frequentando o educando.
Coroando este conjunto de direitos e garantias, cumpre destacar o estabelecimento de limites para o número de estagiárioso ensino médio regular que podem ser acolhidos no ambiente de trabalho dos estabelecimentos públicos e privados, obedecendo a uma escala proporcional ao número de seus empregados.

Esses limites coíbem e previnem abusos decorrentes do acolhimento de estagiários da capacidade de cumprir os conteúdos formativos e pedagógicos expressos no plano de atividades e as disposições sobre acompanhamento e avaliação da aprendizagem social, profissional e cultural a ser prestada ao educando no ambiente de trabalho.

A partir do estabelecimento de condições dignas para o estágio do jovem estudante no ambiente de trabalho, fomenta-se no País a construção de um mercado de trabalho mais justo e uma formação profissional que propicie a vivência prática de conteúdos teóricos ministrados no ambiente próprio das instituições de ensino.

São estes os objetivos que se pretende instrumentalizar por meio desta Cartilha Esclarecedora sobre a Lei do Estágio que o MTE oferece à sociedade, na certeza do cumprimento do dever que o exercício de uma função pública impõe a todo cidadão.
Carlos Lupi
Ministro do Trabalho e Emprego

Perguntas e Respostas

1. O que é o estágio?

A Lei nº 11.788, de 25 de setembro de 2008, define o estágio como o ato educativo escolar supervisionado, desenvolvido no ambiente de trabalho, que visa à preparação para o trabalho produtivo do estudante. O estágio integra o itinerário formativo do educando e faz parte do projeto pedagógico do curso.

2. O que é estágio obrigatório?

É o estágio definido como pré-requisito no projeto pedagógico do curso para aprovação e obtenção do diploma. (§1º do art. 2º da Lei nº 11.788/2008)

3. O que é estágio não obrigatório?

É uma atividade opcional, acrescida à carga horária regular e obrigatória. (§2º do art. 2º da Lei nº 11.788/2008)

4. Quem pode contratar estagiário?

As pessoas jurídicas de direito privado e os órgãos da administração pública direta, autárquica e fundacional de qualquer dos poderes da União, dos estados, do Distrito Federal e dos municípios. Também os profissionais liberais de nível superior, devidamente registrados em seus respectivos conselhos, podem oferecer estágio.

5. Quem pode ser estagiário?

Estudantes que estiverem frequentando o ensino regular, em instituições de educação superior, de educação profissional, de ensino médio, da educação especial e dos anos finais do ensino fundamental, na modalidade profissional
da educação de jovens e adultos. (art. 1º da Lei nº 11.788/2008)

6. O estágio é uma relação de emprego?

Não. O estágio não caracteriza vínculo de emprego de qualquer natureza, desde que observados os requisitos legais, não sendo devidos encargos sociais, trabalhistas e previdenciários. (arts. 3º e 15 da Lei nº 11.788/2008).

7. Quais requisitos devem ser observados na concessão do estágio?

O cumprimento dos incisos estabelecidos no art. 3º da Lei nº 11.788/2008:

I – matrícula e frequência regular do educando público– alvo da lei;

II – celebração de termo de compromisso entre o educando, a parte concedente do estágio e a instituição de ensino;

III – compatibilidade entre as atividades desenvolvidas no estágio e as previstas no termo de compromisso.

8. Pode ser concedido estágio a estudantes estrangeiros?

Sim. Segundo a legislação vigente, os estudantes estrangeiros regularmente matriculados em cursos superiores no Brasil, autorizados ou reconhecidos, podem se candidatar ao estágio, desde que o prazo do visto temporário de estudante seja compatível com o período previsto para o desenvolvimento das atividades. (art. 4º da Lei nº 11.788/2008)

9. Pode haver a participação dos agentes de integração públicos e privados no processo do estágio?

Sim. Pode ocorrer por opção das instituições de ensino e das partes concedentes de estágio mediante condições acordadas em instrumento jurídico apropriado. Em caso de contratação com recursos públicos, deverá ser observada a legislação de licitação, Lei nº 8.666/1993. (art. 5º da Lei nº 11.788/2008)

10. Qual o papel dos agentes de integração no estágio?

Atuar como auxiliares no processo de aperfeiçoamento do estágio identificando as oportunidades, ajustando suas condições de realização, fazendo o acompanhamento administrativo, encaminhando negociação de seguros contra

Acidentespessoais e cadastrando os estudantes (§1º do art. 5º da Lei nº 11.788/2008), selecionando os locais de estágio e organizando o cadastro dos concedentes das oportunidades de estágio. (art. 6º da Lei 11.788/2008)

11. Pode-se cobrar alguma taxa do estudante pelos serviços dos agentes de integração?

Não. É vedada a cobrança de qualquer taxa dos estudantes a título de remuneração pelos serviços dos agentes de integração. (§2 º do art. 5º da Lei nº 11.788/2008)

12. Os agentes de integração podem sofrer penalidades?
Sim. Serão responsabilizados civilmente nas seguintessituações:
a) se indicarem estagiários para atividades não compatíveis com a programação curricular do curso;
b) se indicarem estagiários que estejam frequentando cursos em instituições de ensino para as quais não há previsão de estágio curricular. (§3º do art. 5º da Lei nº 11.788/2008)

13. São obrigações das instituições de ensino em relação aos educandos:
I – celebrar termo de compromisso com o educando ou com seu representante ou assistente legal, quando ele for absoluta ou relativamente incapaz, e com a parte concedente, indicando as condições de adequação do estágio à proposta pedagógica do curso, à etapa e modalidade da formação escolar do estudante e ao horário e calendário escolar;
II – avaliar as instalações da parte concedente do estágio e sua adequação à formação cultural e profissional do educando;
III – indicar professor orientador da área a ser desenvolvida no estágio como responsável pelo acompanhamento e avaliação das atividades do estagiário;
IV – exigir do educando a apresentação periódica, em prazo não superior a seis meses, de relatório das atividades, do qual deverá constar visto do orientador da instituição de ensino e do supervisor da parte concedente;
(§1º do art. 3º da Lei nº 11.788, de 2008)
V – zelar pelo cumprimento do termo de compromisso, reorientando o estagiário para outro local, em caso de descumprimento de suas normas;
VI – elaborar normas complementares e instrumentos de avaliação dos estágios de seus educandos;
VII – comunicar à parte concedente do estágio, no início do período letivo, as datas de realização de avaliações escolares ou acadêmicas. (art. 7º da Lei nº 11.788/2008)

14. São obrigações da parte concedente do estágio:
I – celebrar Termo de Compromisso com a instituição de ensino e o educando, zelando por seu cumprimento;

II – ofertar instalações que tenham condições de proporcionar ao educando atividades de aprendizagem social, profissional e cultural, observando o estabelecido na legislação relacionada à saúde e segurança no trabalho; (art. 14 da Lei nº 11.788/2008)
III – indicar funcionário do quadro de pessoal, com formação ou experiência profissional na área de conhecimento desenvolvida no curso do estagiário, para orientar e supervisionar até dez estagiários simultaneamente;
IV – contratar em favor do estagiário seguro contra acidentes pessoais, cuja apólice seja compatível com valores de mercado, conforme fique estabelecido no termo de compromisso;
V – por ocasião do desligamento do estagiário, entregar termo de realização do estágio com indicação resumida das atividades desenvolvidas, dos períodos e da avaliação de desempenho;
VI – manter à disposição da fiscalização documentos que comprovem a relação de estágio;
VII – enviar à instituição de ensino, com periodicidade mínima de seis meses, relatório de atividades, com vista obrigatória ao estagiário. (art. 9º da Lei nº 11.788/2008)

15. Qual a duração permitida para a jornada diária de estágio?

Segundo a lei vigente, a jornada do estagiário será definida de comum acordo entre a instituição de ensino, a parte concedente (a empresa) e o aluno ou seu representante legal (em caso de menores de 18 anos) e deverá constar do Termo de Compromisso de Estágio. Deverá ser compatível com as atividades escolares e respeitar os seguintes limites:
a) quatro horas diárias e vinte horas semanais, no caso de estudantes de educação especial e dos anos finais do ensino fundamental, na modalidade profissional de educação de jovens e adultos;
b) seis horas diárias e trinta horas semanais, no caso de estudantes do ensino superior, da educação profissional de nível médio e do ensino médio regular;
c) oito horas diárias e quarenta horas semanais, no caso de cursos que alternam teoria e prática, nos períodos em que não estão pro-

gramadas aulas presenciais, desde que esteja previsto no projeto pedagógico do curso e da instituição de ensino. (art. 10 da Lei nº 11.788/ 2008)

16. Como deve ser feita a concessão dos descansos durante a jornada do estágio?

As partes devem regular a questão de comum acordo no Termo de Compromisso de Estágio. Recomenda-se a observância de período suficiente à preservação da higidez física e mental do estagiário e respeito aos padrões de horário de alimentação – lanches, almoço e jantar. O período de intervalo não é computado na jornada.

17. Nos dias de prova poderá haver redução da jornada?

Sim. Se a instituição de ensino adotar verificações de aprendizagem periódicas ou finais, nos períodos de avaliação, a carga horária do estágio será reduzida à metade, segundo o estipulado no Termo de Compromisso de Estágio.

Nesse caso, a instituição de ensino deverá comunicar à parte concedente do estágio, no início do período letivo, as datas de realização de avaliações escolares ou acadêmicas. (§ 2º do art. 10 da Lei nº 11.788/2008)

18. Qual o prazo de duração do estágio?

Até dois anos, para o mesmo concedente, exceto quando se tratar de estagiário portador de deficiência. (art. 11 da Lei nº 11.788, de 2008)

19. Quando o estágio será necessariamente remunerado?

Para o estágio não obrigatório é compulsória a concessão de bolsa ou outra forma de contraprestação que venha a ser acordada, bem como a concessão do auxílio-transporte. Para o estágio obrigatório, a concessão de bolsa ou outra forma de contraprestação e auxílio-transporte é facultativa. (art. 12 da Lei nº 11.788/2008)

20. O que é o auxílio-transporte?

É uma concessão pela instituição concedente de recursos financeiros para auxiliar nas despesas de deslocamento do estagiário ao local de estágio e seu retorno, sendo opcional quando se tratar de estágio obrigatório e compulsório, quando estágio não obrigatório. Essa antecipação pode ser substituída por transporte próprio da empresa, sendo que ambas as alternativas deverão constar do Termo de Compromisso.

21. O valor da bolsa-estágio ou equivalente é definido e de responsabilidade de quem?

Essa é uma obrigação legal da concedente do estágio, a quem cabe definir o valor e a forma de pagamento.

22. As ausências do estagiário podem ser descontadas do valor da bolsa-estágio?

Sim. A remuneração da bolsa-estágio pressupõe o cumprimento das atividades previstas no Termo de Compromisso do Estágio. Ausências eventuais, devidamente justificadas, poderão ser objeto de entendimento entre as partes (poderão ou não gerar desconto). Ausências constantes, no entanto, poderão gerar a iniciativa da parte concedente para a rescisão antecipada do contrato.

23. A parte concedente poderá disponibilizar benefícios ao estagiário?

A empresa poderá voluntariamente conceder ao estagiário outros benefícios, como: alimentação, acesso a plano de saúde, dentre outros, sem descaracterizar a natureza do estágio. (§1º do art. 12 da Lei nº 11.788, de 2008)

24. De que forma poderá ser concedido o recesso ao estagiário?

Considerando que o estágio poderá ter duração de até 24 meses, e no caso de pessoa com deficiência não há limite legal estabelecido, entende-se que dentro de cada período de 12 meses o estagiário deverá ter um recesso de 30 dias, que poderá ser concedido em período contínuo ou fracionado, conforme estabelecido no Termo de Compromisso. O recesso será concedido, preferencialmente, durante o período de férias escolares e de forma proporcional em contratos com duração inferior a 12 meses. (art. 13 da Lei nº 11.788/2008)

25. Quando o recesso será remunerado?
Sempre que o estagiário receber bolsa ou outra forma de contraprestação. (§ 1º do art. 13 da Lei nº 11.788/2008)

26. O que é o Termo de Compromisso?
O Termo de Compromisso é um acordo tripartite celebrado entre o educando, a parte concedente do estágio e a instituição de ensino, prevendo as condições de adequação do estágio à proposta pedagógica do curso, à etapa e modalidade da formação escolar do estudante e ao horário e calendário escolar.

27. O que deve constar no Termo de Compromisso?
Devem constar no Termo de Compromisso todas as cláusulas que nortearão o contrato de estágio, tais como:
a) dados de identificação das partes, inclusive cargo e função do supervisor do estágio da parte concedente e do orientador da instituição de ensino;
b) as responsabilidades de cada uma das partes;
c) objetivo do estágio;
d) definição da área do estágio;
e) plano de atividades com vigência; (parágrafo único do art. 7º da Lei nº 11.788/2008);
f) a jornada de atividades do estagiário;
g) a definição do intervalo na jornada diária;
h) vigência do Termo;
i) motivos de rescisão;
j) concessão do recesso dentro do período de vigência do Termo;
k) valor da bolsa, nos termos do art. 12 da Lei nº 11.788/2008;
l) valor do auxílio-transporte, nos termos do art. 12 da Lei nº 11.788/2008;
m) concessão de benefícios, nos termos do § 1º do art. 12 da Lei nº 11.788/2008;
n) o número da apólice e a companhia de seguros.

28. O Termo de Compromisso de Estágio pode ser rescindido antes do seu término?

Sim. O Termo de Compromisso pode ser rescindido unilateralmente pelas partes e a qualquer momento.

29. O estagiário tem direito ao seguro contra acidentes pessoais? Qual a cobertura do seguro?

Sim. A cobertura deve abranger acidentes pessoais ocorridos com o estudante durante o período de vigência do estágio, 24 horas/dia, no território nacional. Cobre morte ou invalidez permanente, total ou parcial, provocadas por acidente. O valor da indenização deve constar do Certificado Individual de Seguro de Acidentes Pessoais e deve ser compatível com os valores de mercado.

30. Quantos estagiários a parte concedente pode contratar?

Quando se tratar de estudantes de ensino médio não profissionalizante, de escolas especiais e dos anos finais do ensino fundamental, na modalidade profissional da educação de jovens e adultos, o número máximo de estagiários por estabelecimento concedente será calculado em relação ao quadro de pessoal da parte concedente do estágio nas seguintes proporções:

I – de um a cinco empregados: um estagiário;

II – de seis a dez empregados: até dois estagiários;

III – de onze a vinte e cinco empregados: até cinco estagiários;

IV – acima de vinte e cinco empregados, até vinte por cento de estagiários.

Observação: *no caso de filiais ou vários estabelecimentos, o cálculo será realizado para cada um deles. Caso resulte em fração, poderá ser arredondado para o número inteiro imediatamente superior. (art. 17 da Lei nº 11.788/2008)*

31. O que é considerado quadro de pessoal para efeito do cálculo do número de estagiários?

Quadro de pessoal é o conjunto de trabalhadores empregados existentes no estabelecimento do estágio. (§ 1º do art. 17 da Lei nº 11.788/2008)

32. Qual o percentual de vagas assegurado a pessoas com deficiência?

Quando se tratar de estudantes de ensino médio não profissionalizante, de escolas especiais e dos anos finais do ensino fundamental, na modalidade profissional da educação de jovens e adultos, é assegurado o percentual de dez por cento das vagas oferecidas pela parte concedente do estágio. (§ 5º do art. 17 da Lei nº. 11.788/2008)

33. Os contratos de estágio firmados antes da publicação da Lei nº 11.788/2008 podem ser prorrogados?

Os contratos realizados antes do início da vigência desta lei podem ser prorrogados apenas se ajustados às suas disposições. (art. 18 da Lei nº 11.788/2008)

34. Quais as providências e documentos necessários à comprovação da regularidade do estágio?

a) o termo de compromisso de estágio, devidamente assinado pela empresa concedente, pela instituição de ensino e pelo aluno;

b) o certificado individual de seguro de acidentes pessoais;

c) comprovação da regularidade da situação escolar do estudante;

d) comprovante de pagamento da bolsa ou equivalente e do auxílio-transporte;

e) verificação da compatibilidade entre as atividades desenvolvidas no estágio e aquelas previstas no termo de compromisso.

35. Qual a consequência prevista para a parte concedente no descumprimento da Lei nº 11.788/2008?

A manutenção de estagiários em desconformidade com esta lei caracteriza vínculo empregatício do educando com a parte concedente do estágio para todos os fins da vlegislação trabalhista e previdenciária. (§ 1º do art. 15 da Lei nº 11.788/2008)

36. Qual a penalidade prevista para a parte concedente, quando reincidir no descumprimento da Lei nº 11.788/2008?

A concedente ficará impedida de receber estagiários por dois anos, contados da data da decisão definitiva do processo administrativo correspondente, limitando-se a penalidade ao estabelecimento em que foi cometida a irregularidade. (§1º do art. 15 da Lei nº 11.788/2008)

37. Como se dá a aplicação da legislação relacionada à saúde e segurança do trabalho para os contratos de estágio?
Devem ser tomados os cuidados necessários para a promoção da saúde e prevenção de doenças e acidentes, considerando, principalmente, os riscos decorrentes de fatores relacionados aos ambientes, condições e formas de organização do trabalho.

Legislação
Orientação Normativa nº 7, de 30 de outubro de 2008
Lei nº 11.788, de 25 de setembro de 2008
Lei nº 6.494, de 7 de dezembro de 1977
Lei nº 8.859, de 23 de março de 1994

ANEXO 3
RELATÓRIO DE EXPERIÊNCIA PROFISSIONAL – OBSERVAÇÃO EMPRESARIAL E TCC

SEMESTRE ______ . ___
(Estágio ou Emprego)

<table>
<tr><td>Aluno (a):</td><td>Matrícula:</td></tr>
<tr><td colspan="2">Empresa:</td></tr>
<tr><td colspan="2">Endereço:</td></tr>
<tr><td>Telefone:</td><td>e-mail:</td></tr>
</table>

APRESENTAÇÃO DA EMPRESA O aluno deverá fazer uma breve apresentação da empresa (visão, missão, objetivos, valores, segmento, porte, valores, organograma etc.).
A) PROCESSO DE TRABALHO
Função exercida mencionar todas as atividades desempenhadas Descrever o processo de trabalho indicando as atividades desempenhadas. Apresentar fluxo ou mapeamento das atividades desenvolvidas Dentre as atividades mencionadas, acima, o aluno deve escolher as atividades mais importantes que desempenha na empresa e descrever o processo de trabalho ou apresentar fluxo ou mapeamento da atividade. Período de tempo que desenvolveu ou desenvolve a atividade: Desde _____/______/_______ até _______________
B) CORRELACIONAR AS ATIVIDADES DESENVOLVIDAS COM OS OBJETIVOS FINAIS DA ORGANIZAÇÃO
– Missão da empresa Contribuição das atividades desenvolvidas por você para o alcance dos objetivos organizacionais O aluno deve mencionar a missão da empresa e como as atividades consideradas mais importantes por ele contribuem para o alcance dos objetivos organizacionais.

C) RELACIONAR AS ORIENTAÇÕES E TREINAMENTOS RECEBIDOS E APRENDIZAGEM DECORRENTE
Tipos de treinamentos e orientações: no próprio local de trabalho pelo supervisor, por outro membro da equipe; cursos fora do local de trabalho. O aluno deve citar o tipo de treinamento recebido (*in company* ou externo) e / ou a orientação recebida para desempenhar as atividades mais importantes relatadas na letra A.
D) RECURSOS UTILIZADOS NAS ATIVIDADES – MANUAIS E EQUIPAMENTOS
O aluno deve mencionar todos os recursos utilizados (sistemas, manuais, equipamentos e etc.) para o desempenho das atividades mais relevantes relatadas na letra A.
E) RESULTADOS ESPERADOS EM RELAÇÃO ÀS SUAS ATIVIDADES DESENVOLVIDAS NA EMPRESA
O aluno deve apresentar neste espaço os resultados esperados em termos quantitativos (p. ex.: meta) em relação às atividades consideradas mais importantes relatadas na letra A
F) RESULTADOS ALCANÇADOS
O aluno deve apresentar neste espaço os resultados alcançados, considerando os resultados esperados nas atividades mais importantes mencionadas na letra A.
G) INDICADORES RELACIONADOS AO SEU DESEMPENHO PROFISSIONAL
Processo de Avaliação de desempenho formalizado Descrever o processo de avaliação formalizado em relação ao desempenho das atividades mais importantes.

H) DIFICULDADES ENCONTRADAS X OPORTUNIDADES
Dificuldades encontradas no processo de trabalho descrito. O aluno deve apontar todas as dificuldades relacionadas ao desempenho das atividades consideradas as mais importantes.

I) FATORES OBSERVADOS
Como você percebe (ou percebeu) os seguintes fatores no exercício do seu trabalho na empresa Remuneração – (política de remuneração e adequação do seu salário ao mercado e à função) Supervisão – (tipo de supervisão exercida) Autonomia – (liberdade para tomar decisões, obter, lidar com informações) Diferenciação – (diversidade de ações e de requisitos de exigências das diferentes atividades) Participação – (espaço para questionar, sugerir, modificar, implementar novas ideias) Clima da organização – (atmosfera da organização e de sua área de trabalho) Relações de poder – (hierarquia, pares, subordinados e poder de influência) Liderança – (estilo de liderança dominante) Satisfação com o trabalho – (grau que você identifica estar com referência a sua experiência de trabalho) Significado do trabalho – (grau de relevância do trabalho para a organização e para o cliente) O aluno deve responder a cada item da letra I, segundo o seu trabalho na empresa.

J) CRÍTICAS
O aluno deve mencionar todas as críticas, se houver, em relação ao processo de trabalho, relacionamento interpessoal, clima organizacional e etc.
L) SUGESTÕES DE MELHORIA
O aluno deve sugerir ações com o intuito de melhorar o que foi apontado como críticas na letra J.
M) CATEGORIA PROFISSIONAL DO ORIENTADOR / SUPERVISOR DO ESTÁGIO OU SUPERVISOR, CHEFIA OU GERÊNCIA DA ATIVIDADE PROFISSIONAL
Refere-se ao responsável imediato pelo estagiário ou profissional na empresa.
OBSERVAÇÃO EMPRESARIAL PARA O TCC
N)DENTRE AS LÍINHAS DE PESQUISA DO CURSO DE ADMINISTRAÇÃO, EM SUA RELAÇÃO COM MESTRADO, QUAL VOCÊ MAIS SE IDENTIFICA? JUSTIFIQUE.
O estudante deve reconhecer a linha de pesquisa que se identifica e que deseja estudar em seu TCC.
O) QUAL FOI O PROBLEMA VERIFICADO NA EMPRESA QUE SE RELACIONE À ÁREA ACIMA MENCIONADA?
O discente deve verificar um problema na empresa em que realiza Estágio que necessite de estudo (observar a relevância do problema e seus possíveis resultados)

P) QUAIS ÁREAS DO CONHECIMENTO ESTARIAM RELACIONADAS AO PROBLEMA OBSERVADO?
O estudante deve enumerar conhecimentos de diversas ciências que colaborem no estudo desejado (Que conteúdos das várias áreas da Administração e ciências afins colaboram para a execução do estudo proposto)
Q) QUE TIPO DE PESQUISA VOCÊ PROPORIA PARA A SOLUÇÃO DO PROBLEMA EM QUESTÃO, TENDO EM VISTA SEU TCC? ( ) LEVANTAMENTO ( ) PESQUISA-AÇÃO ( ) PARTICIPANTE ( ) ESTUDO DE CASO ( ) OUTRO
O aluno deve identificar entre os modelos de pesquisa aplicada aquela que se identifica ao Estudo que deseja.
Q) QUE AUTORES E TEMAS VOCÊ ESTUDOU, QUE PODERIAM COLABORAR NESTE ESTUDO?
Elaborar um pré-sumário, idealizando a pesquisa a ser realizada.
R) INSTRUMENTO DE OBSERVAÇÃO NA EMPRESA: ( ) QUESTIONÁRIO ( ) ENTREVISTA
OUTROS: Montar o instrumento de coleta de dados e aplicar na empresa (anexar ao relatório o Instrumento, caso seja necessário)

ANEXO 4
Relatório de Planejamento de Pesquisa Aplicada (para qualquer modalidade de TCC) – uso de controle do professor

Disciplina Estágio

Nome do aluno ________________Matrícula ____________
Email:____
Nome do professor da disciplina de Estágio Supervisionado
____
Tipo de TCC pretendido:_____________________________
Empresa alvo da Observação:__________________________
I – Dados do Projeto
a) Tema(delimitado)
____
____
____
____

a) A Delimitação do Tema ____________________________
____
____
____
____
b) O Problema verificado na Empresa
____
____
____
____
c) Objetivos (da análise)
Geral____
____

Específicos____________________________________

d) Justificativas

e) Metodologia e Técnica (tipos de pesquisa e coleta de dados)

f) Bibliografia (inicial)

Declaro ter conhecimento das informações acima prestadas. Declaro que todas as informações por mim prestadas refletem a realidade e são de minha inteira responsabilidade.
Assinatura do aluno:

____

Cidade,________ de_____________ de _________.

Assinatura do professor da disciplina.

____

ANEXO 5
Sumário

ANEXO 6
UNIVERSIDADE

CURSO DE ADMINISTRAÇÃO
TERMO DE RESPONSABILIDADE – ESTÁGIO E TCC

O Aluno do Curso de Administração .... Matrícula nº............................, no .... Período, no Turno......................no Campus.........................., assume total responsabilidade, perante a prática de cópia e/ ou plágio de obras ou fragmentos de obras de autores, quaisquer que sejam, tanto em material impresso como de Internet, nos aspectos educacionais e legais.

As Normas da ABNT serão o parâmetro para citações.

Assim, passa a deter toda e qualquer responsabilidade diante de situações ilícitas editoriais e acadêmicas, no que se refere às Disciplinas ESTÁGIO E TCC.

Cidade, ...de.......................de.................

Assinatura do aluno:...

Rubrica do Professor:...

ANEXO 7
MODELO DE PROJETO

UNIVERSIDADE ESTÁCIO DE SÁ

ESTÁGIO
CURSO DE ADMINISTRAÇÃO
PROFA: ANA SHIRLEY DE FRANÇA MORAES

RECURSOS HUMANOS: TREINAR E GERENCIAR EMPRESAS DE SERVIÇOS DE LAVANDERIA.

PROJETO ELABORADO
POR

ANA LU MORAES

RIO DE JANEIRO
MARÇO/2010

ANA LU MORAES

RECURSOS HUMANOS: TREINAR E GERENCIAR EMPRESAS DE SERVIÇOS EM LAVANDERIA

PROJETO DE PESQUISA APRESENTADO COMO AVALIAÇÃO FINAL DA DISCIPLINA ESTÁGIO

ORIENTADORA:PROFESSORA ANA SHIRLEY DE FRANÇA MORAES

RIO DE JANEIRO
MARÇO/2010

SUMÁRIO .... pág.

ÁREA DE PESQUISA DO CURSO: Estratégia e Gestão

I – TEMA: Administração – Recursos Humanos: Treinar e Gerenciar Empresas de Serviços de Lavanderia.

II – CONTEXTUALIZAÇÃO DO PROBLEMA

A Lava Jato hoje tem aproveitado os seus funcionários para cargos gerenciais. Há hoje em posições operacionais de controle e execução pessoas que vieram da base do serviço de lavanderia. Contudo, por mais conhecimentos que tenham da prática, da execução de tarefas, faltam-lhes conhecimentos gerenciais indispensáveis ao comando e ao controle de toda operação de serviços, prestados pela Empresa. Por isso, torna-se oportuna a criação de uma pesquisa de Recursos Humanos, que promova a solução do problema aqui apontado, por meio da contratação de estagiários.

III – O PROBLEMA

O projeto responderá à seguinte questão:

Como estagiários podem ser utilizados pela empresa de serviços de lavanderia, resolvendo problemas gerenciais intermediários, proporcionando conhecimentos aos estudantes de administração, a fim de ingressar no primeiro emprego?

IV – OBJETIVOS

Geral

– apresentar novos processos gerenciais de operação da empresa, por meio do apoio de estudantes universitários estagiários.

Específicos

– Preparar estagiários para serem multiplicadores de ações gestoras na empresa;

– Dar oportunidade a estudantes universitários de ingressar no mercado de trabalho, suprindo-lhes de conhecimentos práticos;

– Criaruma função de estagiáriogerencial,com vistas a agilizar e racionalizar a operação do sistema, a partir do gerenciamento das atividades de Serviços;

– Preparar alunos universitários para exercer cargos gerenciais medianos na empresa, dando-lhes oportunidade do primeiro emprego.

V – JUSTIFICATIVAS

Os estudantes universitários de Cursos nas áreas administrativas necessitam horas práticas de estágio, para finalizar e alcançar grau superior. Criar um projeto de estágio e recrutá-los, daria oportunidade a essa demanda por mercado de trabalho inicial e principiante, possibilitando colocarem em prática um conjunto de conhecimentos atualizados e orientados na universidade. O estudante que se destacar nas funções constituirá uma reserva gerencial para futuros funcionários efetivos da área administrativa da Empresa.

Assim, através de uma contrapartida, a Empresa usufruiria o conhecimento desses estudantes, em vias de se graduar; em troca se ofereceriam horas de estágio e remuneração condizente, para assim provê-los.

VI – REFERENCIAL TEÓRICO

Para desenvolver o tema proposto, alguns subitens deverão ser tratados, cumprindo os objetivos do estudo. (relacionam-se aos objetivos específicos)

6.1 O ESTÁGIO E A PROFISSÃO

Neste início de século, a maior atribuição da Universidade, realmente, tem sido a formação para o mercado de trabalho.A visão do passado que antes atribuía às instituições de ensino superior a formação de elites, não mais existe.A massificação na educação superior é fato, implicando maior número de egressos e menos emprego neste grau de ensino, o que tem acarretado subutilização de capacidades.

O Estágio Curricular, legalmente, viria para suprir o distanciamento entre o saber teórico e o prático; contudo, atualmente, tornou-se uma atividade lucrativa para as empresas, ao recrutar mão de obra barata ou para cumprir meramente um relacionamento com o mundo profissional. (BORDENAVE; PEREIRA, 1991)

Os cursos de graduação em nível de Educação Superior incluem disciplinas práticas chamadas comumente de Estágio Curricular Supervisionado ou, também, de Estágio de Prática Profissional.Os cursos de administração, não fugindo à regra, apresentam em sua grade curricular estas disciplinas práticas, que possuem o objetivo de integrar a teoria aprendida no ensino superior e a prática que o mercado de trabalho exige, minimizando, assim, o distanciamento entre o mundo real e o mundo acadêmico, levando à utilização da ciência social da administração para resolução de problemas organizacionais.(BIAGIONI, 1996)

6.2 CONHECIMENTOS E HABILIDADES DO ESTUDANTE DE ADMINISTRAÇÃO

Contudo, na atual conjuntura de mercado e na perspectiva tecnológica que se apresentam, outros objetivos emergem em decorrência da aplicação do Estágio aos alunos dos Cursos de Administração em nível superior, de forma a proporcionar-lhes habilidades necessárias a enfrentar, com talento, os novos desafios organizacionais.Entre as habilidades requeridas estão: a criatividade, a comunicação interpessoal, a interpretação da realidade, uma visão global de todos os elementos que compõem a organização. (BRUNO, 1996).

6.3 COMO FORMAR UM ESTAGIÁRIO PARA GERENCIAR

Este novo modelo de profissional, revelado pela necessidade de inserção num novo mercado, tem exigido mudanças em todos os níveis, principalmente na formação acadêmica. Fazendo parte obrigatória do Currículo da Graduação em Administração, considerado a forma de complementar o ensino e a aprendizagem acadêmica, o Estágio curricular necessita, com urgência, de uma completa reformulação, para que os estudantes universitários não se constituam num exército de mão de obra barata, e alcancem uma formação qualitativa, que propicie ocupar um lugar no mercado de trabalho

6.4 PRÁTICA DE GESTÃO DE UMA EMPRESA

Apresentação de uma prática de treinamento de estagiários para a área degestão e gerência em empresa de sucesso

VII- METODOLOGIA

Pesquisa descritiva, quanto aos objetivos, e quanto ao procedimentos, ela será pesquisa-ação, pois haverá relação entre o pesquisador e os funcionários, já que os mesmos integram o time da empresa (GIL, 2004).

Recrutarestudantes universitários do 6º período, em diante, de Curso de base administrativa, como Administração, Turismo e Hotelaria, através do estabelecimento de convênio com uma Universidade local.

Na implantação do Projeto, recomenda-se selecionar pouco a pouco os estagiários, a fim de se possa acompanhar seu engajamento e competência.

Os estudantes-estagiários funcionariam como Gerentes em treinamento, sendo contratados por um período de 1 ano, sendo possível prorrogar seu contrato por mais um, segundo a lei de estágio em vigor.

Os estagiários exerceriam suas funções diariamente, em 6 horas ininterruptas, com 1 hora para refeição.

VIII– CRONOGRAMA

	Ago. 2010	Set. 2010	Out. 2010	Nov. 2010	Dez. 2010
Levantamento bibliográfico e docum.	♦	♦			
Referencial teórico – análise do levantamento		♦	♦		
Criação, testagem e aplicação de Instrumento			♦		
Tabulação			♦		
Análise de Resultados			♦		
Construção de Relatório Bibliográfico				♦	
Produção de Relatório de pesquisa de campo				♦	
Produção de Relatório Final e Anexos					♦

IX– BIBLIOGRAFIA (Em ordem alfabética)

BIAGIONI, Mário. *Atividades econômico-financeiras e orçamento programa.* São Paulo: Nobel, 2000.

BORDENAVE, Juan; PEREIRA, Adair Martins. *Estratégias de ensino-aprendizagem.* Petrópolis: Vozes, 2001.

BRUNO, Lúcia (org.) & al. *Educação e trabalho no capitalismo contemporâneo.* São Paulo:Atlas, 2000.

GIL, Antônio Carlos. *Como elaborar projetos de pesquisa.*. São Paulo: Atlas, 2004.

KISIL, Rosana, *Elaboração de projetos e propostas para organizações da sociedade civil,* São Paulo: Ed. Global, 2004.

LAKATOS, Eva Maria, MARCONI, Marina Andrade. *Metodologia científica.* SãoPaulo: Atlas, 2005.

ANEXO 8
CAPA (Trabalho TCC)

↕ 5 cm

UNIVERSIDADE ....
CURSO DE ADMINISTRAÇÃO

TÍTULO DO TRABALHO REALIZADO PELO ALUNO

↔ 3 cm ↔ 2 cm

NOME DO ALUNO

RIO DE JANEIRO
DEZEMBRO / 2010

↕ 2 cm

ANEXO 9
FOLHA DE ROSTO

5 cm

NOME E OU LOGO DA UNIVERSIDADE
OU FACULDADE

NOME DO ALUNO

TÍTULO DO TRABALHO REALIZADO PELO ALUNO

2 cm 3 cm

Trabalho apresentado à Universidade .... como requisito parcial para obtenção do grau de Bacharel em Administração.

RIO DE JANEIRO
DEZEMBRO/2008

2 cm

ANEXO 10
FOLHA DE RESUMO

(Após o Sumário)

UNIVERSIDADE ....

CURSO: .... CAMPUS: ....

TRABALHO DE CONCLUSÃO DE CURSO

FICHA DE IDENTIFICAÇÃO

NOME DO ALUNO...
MATR..

TÍTULO DO PROJETO..

LINHA DE PESQUISA...

NOME DO PROF. ORIENTADOR...

BREVE RESUMO DA PROPOSTA
(um parágrafo de 10 a 15 linhas)

....
....
....
....
....
....
....
....
....

Palavras-chave:(média de três palavras ou expressões, separadas por vírgulas, com ponto final)